国外人士看新时代

主编：于海青

"一带一路"倡议

中国经验及其世界意义

[阿根廷] 阿尼瓦尔·卡洛斯·索特雷 著
楼宇 译

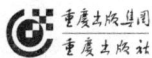

图书在版编目(CIP)数据

"一带一路"倡议:中国经验及其世界意义 / (阿根廷)阿尼瓦尔·卡洛斯·索特雷著;楼宇译. 一重庆:重庆出版社,2024.4

ISBN 978-7-229-18268-7

Ⅰ.①一… Ⅱ.①阿… ②楼… Ⅲ.①"一带一路"—国际合作—研究 Ⅳ.①F125

中国国家版本馆CIP数据核字(2024)第013291号

"一带一路"倡议:中国经验及其世界意义
"YIDAI YILU" CHANGYI: ZHONGGUO JINGYAN JIQI SHIJIE YIYI
〔阿根廷〕阿尼瓦尔·卡洛斯·索特雷 著　　楼 宇 译

责任编辑:林　郁　卢玫诗
责任校对:刘小燕
装帧设计:李南江

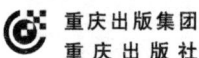
出版

重庆市南岸区南滨路162号1幢　邮政编码:400061　http://www.cqph.com
重庆出版社艺术设计有限公司制版
重庆恒昌印务有限公司印刷
重庆出版集团图书发行有限公司发行
E-MAIL:fxchu@cqph.com　邮购电话:023-61520678
全国新华书店经销

开本:787mm×1092mm　1/32　印张:4.625　字数:70千
2024年4月第1版　2024年4月第1次印刷
ISBN 978-7-229-18268-7
定价:37.00元

如有印装质量问题,请向本集团图书发行有限公司调换:023-61520678

版权所有　侵权必究

中国的发展绝不以牺牲别国利益为代价,我们绝不做损人利己、以邻为壑的事情。我们将从世界和平与发展的大义出发,贡献处理当代国际关系的中国智慧,贡献完善全球治理的中国方案,为人类社会应对21世纪的各种挑战作出自己的贡献。①

——习近平

---

①习近平:《习近平在德国科尔伯基金会的演讲》,《人民日报》,2014年3月30日。

总　序

党的十八大以来，中国特色社会主义进入新时代，以习近平同志为核心的党中央，统筹国内国际两个大局，团结带领中国人民取得了社会主义现代化建设的巨大成就，创造了令世界惊叹的发展奇迹，谱写出人类进步史上的辉煌篇章。新时代中国的发展，铸就了21世纪世界发展的精彩华章；新时代中国特色社会主义的伟大成就，使中国成为世界社会主义的引领旗帜和中流砥柱；新时代中国始终不渝做全球发展的探索者和引领者，为解决世界难题贡献了中国智慧，为人类对更好社会制度的探索贡献了中国方案；新时代中国在推进马克思主义中国化时代化中激发中华优秀传统文化的生机与活力，使中华文明焕发蓬勃生机，创造了人类文明新形态，为人类文明进步作出巨大贡献。新时代中国取得的巨大成功，不仅在中华民族发展史、中华人民共和国发展史上具有重大意义，而且在世界社会主义发展史、人类社会发展史上也具有重大意义。

中国共产党在领导人民推进社会主义现代化建设的进程中，走出了一条中国式现代化道路。新时代中国以巨大的成就、广泛的影响、显著的优势彰显了通过中国式现代化道路创造的人类文明新形态。中国式现代化道路的开拓，为广大发展中国家走向现代化提供了典范样本和全新选择。中国式现代化道路是基于自身的经济社会条件、历史文化传统、基本价值诉求、现实发展逻辑作出的选择，具有鲜明的中国特色、民族特质、时代特性。中国式现代化是人口规模巨大的现代化，是全体人民共同富裕的现代化，是物质文明和精神文明相协调的现代化，是人与自然和谐共生的现代化，是走和平发展道路的现代化。新时代中国以高度自信的精神状态展现了中华文明的当代形态、社会主义文明的中国形态、人类文明的崭新形态，打破了"西方中心主义"文明观的思维束缚，有力驳斥了"文明冲突论""历史终结论""社会主义失败论"。新时代中国坚持既不输入别国模式，也不输出中国模式，始终高举和平、发展、合作、共赢旗帜，奉行独立自主的和平外交政策，坚持走和平发展道路，推动建设新型国际关系，维护国际关系民主化，推动构建人类命运共同体，做世界和平的建设者、全球发展的贡献者、国际秩序的维护者，以中国的新发展为世界提供新机遇。

当前，走近世界舞台中央的新时代中国与21世纪的世界融为一体，中国的发展在造福本国人民的同时，为世界发展进步作出越来越大的贡献。当今世界是开放的世界，中国的发展离不开世界，世界的发展更需要中国。纵观人类社会发展史，从原始封闭的民族历史向广阔的世界历史转变以来，开放性是人类社会的基本特征，全球化是世界发展的必然趋势。中国发展、中国奇迹、中国道路、中国之治正引起国际社会越来越多的关注和研究。随着国际格局的调整、世界局势的变迁、全球秩序的嬗变，中华民族在迎来从站起来、富起来到强起来的历史飞跃中日益走近世界舞台中央，实现中华民族伟大复兴进入了不可逆转的历史进程。中国在解决人类难题、全球问题、时代课题中承担更加重要的角色，提出了一系列新思想新理念新倡议，为建构国际政治经济新秩序、塑造全球治理新格局，发出了中国声音、彰显了中国担当、贡献了中国智慧、提供了中国方案。观察和理解中国，需要坚持历史思维和全球思维，树立大历史观，从历史长河、时代大潮、全球风云中分析演变机理、探究历史规律、提炼经验启示。

中国特色社会主义新时代取得的历史性成就和发生的历史性变革，中国式现代化道路坚持既发展自身又造福世界，令世人瞩目、引各国关注，并赢得国际社会的认可和赞赏。世界不同国家和地区的有识之士对新时代中国给予了高度关注并进行了深入研究。为了集中系统呈现国外专家学者关于中国特色社会主义新时代的研究成果和主要观点，推动开展对比研究，同时推进国际社会更加全面客观地认识中国，由中国社会科学院国际合作局、马克思主义研究院策划，马研院国外马克思主义研究部具体协调沟通，中国社会科学院国际合作局、世界社会主义研究中心、马克思主义理论学科建设与理论研究工程提供出版资助，组织国外专家学者撰写"国外人士看新时代"系列小丛书。丛书作者来自世界各国各地区，从多学科、多维度、多层面对习近平新时代中国特色社会主义思想、中国特色社会主义新时代进行了分析评价。

参与撰稿的专家学者中，有的长期从事中国问题研究，对当代中国有着深刻的了解，以客观公正、科学严谨的态度探讨了中国奇迹产生的内在逻辑、中国之治形成的制度基础、中国道路开创的历史规律。该丛书的出版，对于讲好中国故事、展示中国形象、传播中国声音具有重要的借鉴意义。我们衷心希望通过"国外人士看新时代"小丛书这个思想交流平台，推动建构新型国际关系、新型党际关系，推动构建人类命运共同体，为中华文明与世界各国文明的互学互鉴、为中华民族伟大复兴与人类社会发展进步贡献智慧力量。

编　者
2021 年 11 月

前言

长期以来,西方主流思想以所谓的公理和范式,霸道地"解释"包括中国在内的世界体系。尽管这些所谓的主流思想承认人类社会的组织方式不尽完美,但坚持认为所有改良方案只能发生在其认定的民主政治和国家组织框架之内。幸运的是,中华民族通过自己的社会建设对此提出了挑战。而那些毫无根据的批评和恶意指责,在中华人民共和国取得的辉煌成就面前黯然失色。

近年来,一些以维护现有霸权秩序为目的的国家和组织,打着捍卫国际经济规范和全球关系的旗号,以国家安全和人权为借口,试图阻挠中国科技生产力和竞争力对全球的贡献。伟大的中华民族并没有因这些外部干扰而退缩。在中国共产党成立100周年之际,中国的国际地位进一步巩固,中国倡导的理念正赢得越来越多的国家和国际组织的认同和支持。毫无疑问，在中国共产党的带领下，中国人民通过70多年孜孜不倦的努力，已经向国际社会展示了一条由无数个经济奇迹、社会改革奇迹和科技奇迹筑就的中国特色发展道路。

新冠肺炎疫情的大流行再次凸显国际合作的重要性。在这场席卷全球的卫生危机中，各国人民强烈地意识到，人类必须团结协作、凝聚力量，才能有效应对不确定时代的多重危机。在这方面，中国再一次向我们展示了其政策的前瞻性。中国提出的"一带一路"、倡导的多边主义和人类命运共同体理念，不正是当今时代最需要的吗？

"一带一路"倡议并非是中国政府出台的一项普通政策，它是中国在21世纪提出的最重要的举措之一。可以说，"一带一路"倡议是中国璀璨的历史长河中形成的文化价值观的结晶。一个国家如果没有悠久的跨文化交流的历史积淀，那么，它提出的和平共赢的发展倡议就会缺乏可信度。中国的对外交流可以追溯到秦汉时期，在汉代就已经非常兴盛。正是长达二十多个世纪个世纪的文明对话赋予了中国独特的跨文化视野，让中国政府得以提出一个可信且可行的、关乎中国与世界可持续发展的伟大倡议。从古代的丝绸之路到新时代的"一带一路",中国秉持的和而不同、互利共赢的对外交往传统从未改变。"一带一路"倡议基于多边主义和非歧视性原则,以开放的姿态面向全世界所有国家,特别是发展中国家。可以说,中国提出的"一带一路"是当代最伟大的社会和经济发展倡议。

当今时代,我们需要共同探寻对全世界所有国家都有益的最佳方案。"一带一路"不是属于中国单个国家的计划,它是一个基于人类共同命运而构建的全球计划。该倡议不仅期望再现昔日亚欧不同文明在古丝绸之路上相互交流时的辉煌场景,还旨在连接像非洲、拉丁美洲和加勒比地区等新的区域,开拓多元的合作形式,秉持共商、共建、共享、互利共赢等原则,以促进全球合作模式和发展范式的转变。

"一带一路"倡议自提出以来就引起了广泛的关注和讨论。本书试图将现实与历史进行连接,将中国当代发展的里程碑事件纳入一个整体的历史框架中进行阐述,进而将中国的倡议和成功经验置于更为宏大的世界史和人类史的叙事之中进行考察。只有通过这种历史经验的角度和全球视野，我们才能更好地理解为何中国的领导者能以一种包容性的发展视角来构想"一带一路"，也唯有如此，我们才能评估该倡议的可行性及其全球影响。

在此，我谨向中国社会科学院表示诚挚的感谢！感谢这个中国最重要的智库邀请我在中国共产党百年华诞之际，就中华人民共和国成立以来特别是新时代对人类的贡献发表看法。感谢我的工作单位墨西哥维拉克鲁斯大学（Universidad Veracruzana）。多年来，维拉克鲁斯大学校方致力于促进中拉学术交流。我也受益良多，多次赴中国进行学术交流，加深了我对中国的历史、文化与现实的了解。

我诚挚地感谢来自中国和拉美的学术界朋友。我要特别感谢中国社会科学院拉丁美洲研究所徐世澄研究员和郭存海研究员，他们在我工作的不同阶段向我提供了大量帮助。具体到本书，我要特别感谢常州大学埃斯特万·索特雷（Esteban Zottele）研究员、马德里自治大学林越教授和本书译者中国社会科学院拉丁美洲研究所楼宇博士，他们对拙著提出了诸多富有见地的建议，帮助我完善这一研究。阿根廷学者内斯托尔·雷斯蒂沃（Néstor Restrivo）和古斯塔沃·伍（Gustavo Ng）的著述为我理解新时代中国和中国为消除贫困作出的贡献提供了多样的视角。克劳迪娅·艾莉璐·门德斯（Claudia Elilú Méndez）的研究丰富了我对数字经济的了解。戴维·奥利瓦·洛佩斯（David Oliva López）就本书的内容和形式提出了宝贵的修改意见。

我还要感谢墨西哥亚太经合组织研究中心联盟（Consorcio Mexicano de Centros de Estudios de APEC）的同事们，我们一起参与了多个与中国相关的研究项目。他们是安东妮娜·伊万诺娃·蓬切瓦（Antonina Ivanova Boncheva）、达戈维托·安帕罗·特略（Dagoberto Amparo Tello）、阿莉西娅·希隆·冈萨雷斯（Alicia Girón González）、阿梅里卡·伊冯内·萨莫拉·托雷斯（América Ivonne Zamora Torres）、何塞·埃内斯托·兰赫尔·德尔加多（José Ernesto Rangel Delgado）、丹尼尔·莱穆斯·德尔加多（Daniel Lemus Delgado）、亨利·埃内斯托·特纳·巴拉甘（Henry Ernesto Turner Barragán）和埃德尔·索托·塞哈（Edel Soto Ceja）。

我要感谢研究跨文化和教育的专家米莉安·桑切斯·格瓦拉（Miriam Sánchez Guevara）。她从一开始就参与了这个项目，给予了我很多帮助。正是仰赖她，我才得以按时完成书稿。我还要感谢墨西哥维拉克鲁斯大学中国研究中心的各位同事。我们和中国相距遥远，但我们正通过孜孜不倦地阅读和研究，拉近与中国的距离。作为中国研究中心主任，我衷心希望维拉克鲁斯大学可以成为一个连接墨西哥和拉美其他国家与中国的交流平台，切实促进拉美和中国的学术对话和人文交流。

最后，我希望拙著可以为世界了解中国，特别是了解中国的新时代，提供一个拉丁美洲的视角。习近平主席在描述中拉关系时曾引用中国的一句古诗："海内存知己，天涯若比邻。"我相信，中国的知己会越来越多。

目录

总序 / 001
前言 / 001

第一章 通往新时代的征程 / 001
第一节 巨变的伟大序章(1949—1978年) / 001
第二节 经济的腾飞与社会的发展(1978—2012年) / 012
第三节 新时代下的中国与世界(2012年至今) / 018

第二章 "一带一路"的构建 / 031
第一节 昔日"丝绸之路"的延续 / 032
第二节 "一带一路"倡议:世纪之举 / 039
第三节 互利共赢的中国愿景 / 059

第三章 "一带一路"的落实 / 066

第一节 "一带一路"相关项目的建设 / 067

第二节 "一带一路"的治理结构 / 077

第三节 "一带一路"面临的挑战 / 090

第四章 迈向百年华诞的中华人民共和国 / 097

第一节 第二个百年奋斗目标和第十四个五年规划 / 098

第二节 中国的转型对拉丁美洲和加勒比地区的影响 / 114

结　语 / 125

第一章
通往新时代的征程

第一节 巨变的伟大序章（1949—1978 年）

1949 年，成立仅 28 年的中国共产党在经历了长征、抗日战争、解放战争等一系列激烈斗争后，最终获得胜利，建立了中华人民共和国。中国社会巨变的序幕由此徐徐开启。

这一伟大的胜利离不开中国共产党的英明领导及其团结人民的能力。在复杂多变的国内和国际环境中，中国共产党团结凝聚了大量农民、工人、知识分子和其他社会阶层的民众，建立了牢固的反帝反封建统一阵线。中国共产党通过土地改革、扫盲和妇女解放运动极大提升了弱势群体的社会地位，推动了中国向包容性社会转型的进程。中华人民共和国成立后，大力支持"第三世界"国家反殖民主义的独立运动。这对西方和世界其他国家的左派政治运动和知识分子产生了巨大影响，新中国逐渐在国际上赢得了尊重和赞许。

一、中国：团结"第三世界"的反殖民主义姿态

在数个世纪中，中华文明在艺术和科学方面的成就均处于世界文明的领先地位。然而，在中国共产党成立之前的100多年里，中华民族却饱受西方列强的欺辱。对中华民族而言，这种百年之耻唤醒了人民民族自强自立的意识。然而，100年来形形色色的统治者都无法完成民族解放任务。最终，这一历史责任摆在了中国共产党面前。自创建之初起，争取民族独立和人民解放就成为了中国共产党的首要任务之一。即使面对国民党的压迫，中国共产党也始终把驱逐日本侵略者放在优先地位。中华人民共和国成立后，也积

极支持世界不同地区的独立解放运动,如朝鲜战争和越南战争等。

伴随二战后民族独立运动的风起云涌,中华人民共和国开始在国际舞台上扮演越来越重要的角色。中国将自己归入"第三世界"国家的一员。1953年底,周恩来在会见印度代表时首次提出,两国应根据互相尊重领土主权、互不侵犯、互不干涉内政、平等互惠、和平共处的原则解决两国之间悬而未决的问题。[①]中国首倡的"和平共处五项原则"得到了很多国家的认同。1955年,第一届亚非会议在印度尼西亚万隆召开。中国除了强调互不干涉内政和互相尊重领土主权之外,还提出了要坚持"求同存异"的方针。《亚非会议最后公报》特别强调,"殖民主义在其一切表现中都是一种应当迅速予以根除的祸害"。[②]新生的中国通过与各国反帝反殖运动的紧密合作,开始在非洲发挥影响力。中国共产党秉持和倡导的一系列思想理念逐渐在全球传播。这股来自东方文明古国的革新思潮,在亚洲、非洲、拉丁美洲和世界其他地区

---

① 《当代中国》丛书编辑委员会:《当代中国外交》,中国社会科学出版社1988年版,第80页。

② 《亚非会议最后公报》,1955年4月24日,中华人民共和国外交部网站,https://www.mfa.gov.cn/chn/pds/ziliao/1179/t191828.htm。

都有所发展。

新生的中华人民共和国积极开展外交工作，支持各种解放运动，尤其是针对殖民问题在国际论坛上积极发声。面对盛行的霸权主义，中国向世界展示了另一种可能性。越来越多的发展中国家对中国表示认可。最终，在1971年10月25日，中华人民共和国政府成为中国在联合国的唯一合法代表。此后，在联合国框架内，中国继续声援那些多个世纪以来一直遭受殖民统治的国家和地区，为它们的利益奔走发声。中国秉持的支持民族自决与和平共处的立场，至今仍是中国与非洲关系和"南南合作"框架的重要支柱。

二、中国：构建一个包容性社会

中国共产党在中华人民共和国成立后延续了其在执政前即已在解放区实施的一系列社会改革措施，极大改善了占人口绝大多数的被压迫人民的生活。主要包括土地改革、妇女解放、保护少数民族和普惠式教育等。

（一）土地改革

曾经的中国农村，农村财产集中在少数人手中，财富和权力分配极不平等，广大贫下中农被少数地主、富农肆意剥削。1927年第一次国共合作破裂后，中国共产党在农民组织和游击战的基础上建立了自己的根据地，并通过将土地改革作为阶级斗争的一个重要组成部分来加强自己的合法性，赢得了广大人民对党的政策和军队的支持。随着长征、抗日战争和解放战争的进行，中国共产党不断总结根据地经验，在深刻理解农民的利益诉求的基础上，不断修正调整土地改革的理论和实践。

中国共产党倡导的土地改革并非不分青红皂白的土地征收，也不是以杀害地主、富农为目的的暴力革命，其目的是废除封建土地所有制和封建剥削制度，消灭地主等封建权贵阶级，并摧毁地主经济的寄生性。值得强调的是，中国共产党采取的政策都是基于中国的实际国情出发的。在当时，中国共产党就审慎地提出，农业社会主义改造应采取循序渐进的步骤进行，应该按照自愿互利和示范的原则把农民组织起来。此外，在社会主义过渡期，允许有限小土地私有制与集体所有制的形式并存。

在具体操作上，中国的土地改革考虑到不同地区原有财产结构和生产规模的不同而有所区别，但不变的是承认党的基层组织和主权在民。尽管当时的人们已认识到需要通过农业机械化来实现现代化和刺激生产力,但囿于物质条件,社会主义集体化成了几乎唯一可行的农业生产组织方式。诚然,第一阶段的土地改革不足以将农业生产提高到理想水平,但为今后农业现代化奠定了很好的基础。20世纪70年代末,以邓小平为主要代表的中国共产党人再次展现出实事求是的政策灵活度,通过整合和传播地方经验,大大改变了农业的生产和销售体系,农民收入水平在中国农业现代化的过程中得到了巨大的改善。

(二)妇女解放

随着国家的进步,女性在中国社会中的角色经历了一个带有鲜明社会主义特征的深刻转变。在这一过程中,传统的女性身份和某些源自儒家思想的道德戒律逐步被打破,中国女性的主体性开始构建成型。

诸多对亚洲社会的研究认为,家庭是传统儒家社会的组织核心,保证了社会的稳定和历史的延续。[1]与家庭结构相对应的是其所处的社会环境。在等级森严的儒家社会,家庭成员之间也保持了类似上下级的

---

[1] 相关研究可参见:Flora Botton Beja y Romer Cornejo Bustamante, *Bajo un mismo techo. La familia tradicional en China y su crisis*, México: El Colegio de México, 1993.

从属关系。相对男性而言，女性总是扮演着从属的角色。然而，当社会变革出现，亚洲的家庭系统也不得不作出调整以适应新的变化，其实质性特征（家庭规模和组成）及成员（父母、子女和长辈）之间的关系网络以及他们的角色均被重新定义。

在中国，自新文化运动和五四运动以来，批评旧有家庭模式的运动就获得了合法性，社会普遍认识到需要将性别平等作为新政治秩序中一个不可或缺的组成部分。此后，在中国共产党的领导下，有力推进了中国的性别平权运动。中国政府施行符合社会主义意识形态的男女平等原则，并出台了一系列国家层面的政策。1950年5月，《中华人民共和国婚姻法》正式实施，这是新中国成立后颁布的第一部具有基本法性质的法律。《婚姻法》的出台，为在中国确立婚姻自由、一夫一妻、男女平等的新型婚姻制度提供了法律基础。

社会主义革命带来的女性角色转变非常明显，使一直受到压迫和忽视的女性群体在新中国获得了前所未有的自我发展的可能性。在此，我们不妨引用中国知名性别研究学者、大连大学教授李小江女士的自述：

> 自出生的那一天起,我就生活在"社会主义"之中。正是"社会主义"使我这一代的中国女性明显区别于中国历史上其他时代的女性、西方的女性以及其他国家的女性。从我们出生开始,我们就已成为社会的一部分;从我们上小学的第一天起,我们就进入了社会。这对其他年代的中国女性而言,是一个遥不可及的奢侈的梦想。[1]

(三) 对少数民族的保护

2021 年中国第七次人口普查的最新数据显示,中国共有 55 个少数民族,其人口占中国全国人口的 8.89%,但其聚居的区域分布非常广泛,主要集中在西藏自治区、新疆维吾尔自治区、内蒙古自治区、宁夏回族自治区、云南省、广西壮族自治区、贵州省、青海省、四川省等地区。回望中国数千年的漫长历

---

[1] Li Xiaojiang, "Ganancias y pérdidas de las mujeres en la construcción y la transición de la República Popular China: panorámica de la liberación y del crecimiento de las mujeres en China desde 1949", en Amelia Sáiz López (ed.), *Mujeres asiáticas: cambio social y modernidad*, Barcelona: CIDOB Ediciones, 2006, p.84.

史，汉族和少数民族以及各少数民族之间自古以来就交往频繁，各民族交错居住和互相通婚的现象古来有之。中国各民族的文化也是交融渗透，互相影响。在中国历史上，虽然出现过割据局面，但整体而言，统一的多民族国家始终是中国历史发展的主流。不可否认的是，数个世纪以来，不论是中国的哪个朝代或是哪届政府，不论是汉族执政还是少数民族执政，在1949年前，中国的各民族之间并不存在真正意义上的民族平等。

1949年召开的中国人民政治协商会议第一届全体会议上，通过了《中国人民政治协商会议共同纲领》。该文件明确提出应按照中国国情建立统一的多民族国家，在少数民族聚居区实行区域自治。中华人民共和国成立后，中国各民族都获得了解放。中国共产党倡导民族平等，积极促进各民族的发展。汉族占中国总人口的90%以上。相较而言，少数民族聚居地区地广人稀，资源相对贫乏。鉴于此，中国政府专门制定了多项措施帮助少数民族发展经济。经过几十年的发展，中国真正实现了各民族共同团结奋斗共同繁荣发展。此外，值得强调的是，虽然普通话和汉字是中国的通用语和官方文字，但中国的各个少数民族均有保留及发展其语言、文字、风俗习惯及宗教信仰的自由。因此，在中国不少地区，除了通行普通话，少数民族语言也得到了很好的保护和发展。中国政府还积极培养和任用少数民族干部，制定和实施了一系列政策和措施，以切实保障少数民族真正享有民族平等权利和自治权利。中国政府这种积极有效的少数民族政策值得我们拉美地区国家的政府借鉴，因为拉美的很多国家也都是多民族国家。

（四）普惠式教育

中华人民共和国成立时，中国5.5亿人口中有80%都是文盲，农村的文盲率高达95%。在广大的农村地区，很多农民甚至认为贫穷和财富是"天注定"的，他们生来就注定要耕种土地，只能祈求上苍带来好收成。他们没有机会接受教育，也不相信通过学习会从根本上改变个人命运。可以说，高文盲率成了新中国面临的一个巨大挑战。中国共产党深信，农民和工人应该享有受教育的平等权利。这项任务成为中国政府工作日程上的优先事项。

1950年9月，中央人民政府教育部和中华全国总工会联合召开了第一次全国工农教育会议，提出了"推行识字教育，逐步减少文盲"的口号。会议的主题之一就是探讨如何在教育资源匮乏的情况下迅速普及基础教育。中国共产党的领导层再次从中国的实际国情出发，提出要开展非全日制成人教育，创办工农速成中学和工农干部文化补习学校。为了让更多来自农村和工厂的群众参与到课堂中来，中国共产党出台了多种因地制宜的教学方式，如农村的"地头学习小组"、工厂的"车间学校"、矿山的"坑口学习小组"、家庭妇女的"炕头学习小组"，以及铁路工人的"车头学习小组"等。在合格师资匮乏的情况下，在家庭成员、朋友和邻里之间采取了"以民教民，能者为师"的灵活政策。

通过宣传识字和教育的好处，许多人逐渐开始接受学校教育，体会到掌握自己记账等基本技能的好处。在新中国成立后的几年里，大规模的扫盲活动使中国普通民众打破了旧社会的思想束缚，认识到自己也拥有接受基本教育的权利，从而改善了中国人民的教育水平和权利意识，促进了整个国家的进步。1949年至1969年，中国用了20年时间扫除了1亿多文盲。2021年中国第七次人口普查的最新数据显示，中国的文盲率由2010年第六次人口普查时的4.08%

下降为 2.67%。[①]对比 1949 年中国的文盲率，再考虑到中国的人口数量，中国共产党在这一领域取得的成果堪称人类教育史上的奇迹。

第二节 经济的腾飞与社会的发展（1978—2012 年）

自 1978 年底开始，邓小平等中国共产党的杰出领导人将政策重心放在经济建设上，开启了著名的改革开放进程。改革开放不是中国共产党对新中国成立前 30 年政策的否定，而是一种延续和发展。这种延续和发展显然是与中国的国情现实以及外部国际政治环境的变化相关的。随着与苏联关系的缓和以及与美国重新建立外交关系，中国的国际地位和国家安全得到巩固。相应地，中国的国内政策也得以在相对有利的地缘政治关系中向经济现代化倾斜。

本节将集中展示中国经济现代化所取得的惊人成

[①] 中国国家统计局：《第七次全国人口普查公报（第六号）——人口受教育情况》，2021 年 5 月 11 日，http://www.stats.gov.cn/tjsj/tjgb/rkpcgb/qgrkpcgb/202106/t20210628_1818825.html。

就。但正如下文所述，中国的经济发展并非仅仅是简单的量变。实际上，中国共产党始终没有忘记自己的初心，在经济总量增长的同时，中国人民的生活质量也得到了空前提升。

中国的经济现代化始于农业部门的改革。对农业生产方式的调整，即著名的家庭联产承包责任制，释放了农民的生产积极性，使农业产出大幅增长，对国内生产总值的增加产生了直接影响。农业部门的盈余同时带动了工业部门的投资。实际上，在改革开放之前，中国的工业生产受当时地缘政治和潜在军事冲突的制约，强调工业系统的安全性，而相对弱化了对于其生产效率和赢利能力的要求。改革开放启动后，国有工业部门借鉴农业部门的改革经验，以生产自主权的下放为主要方向开展了一系列改革尝试。1979年5月，中国国家经济委员会、财政部等多个部门发出通知，宣布在8家国有企业进行扩大企业经营管理自主权的试点工作。随后，许多地方政府和部门因势利导，自行制定试点办法加以推广。各地扩大经营自主权实验的主要措施包括：以实行利润留成的手段刺激职工和企业家的生产经营积极性；以下放财政和物资分配等权利为手段，诱发各级地方政府和部门关注企业经济效益的积极性；以利改税、拨改贷、企业承包制和股份制等改革提高国有企业的经营活力。在政企分开的口号下，中国政府颁布了一系列关于扩大企业自主权的行政性法规，扩权范围涉及到产品销售权、定价权、要素选购权、自有资金使用权、工资奖金分配权、联合经营权、技术进步方向选择权等。与此同时，以乡镇企业和个体经营户为代表的非国有经济开始蓬勃发展。国有和非国有工业部门的良性竞争提高了资源使用的效率。微观产业组织的改革，反映在宏观经济层面，即表现为工业增加值对国内生产总值的拉动作用越来越大。

如果说在20世纪80年代农业发挥了战略作用，90年代工业一跃成为主导，那么进入21世纪以后，服务业的成长则构成了中国经济增长的主要推手。特别是自中国经济进入中高速发展的"新常态"以来，服务业在中国国内生产总值总量中的占比甚至超过了工业。简而言之，在过去的40多年里，中国的经济增长率不仅在一个非常高的范围内波动，而且其产业结构也呈现出明显的现代化演变。

在这一过程中，中国的国内投资规模也是前所未有的。值得注意的是，中国的国内投资并非完全仰赖于国内的资本积累。事实上，与国内改革伴生的是对外开放。自20世纪90年代起，外国直接投资的增长非常突出。首先对华投资的主要是海外华人，其次是其他亚洲国家的企业家，最后是来自世界各地的公司，特别是西方发达国家的公司。然而，外国直接投资并不是中国经济变革的初始条件，相反它是中国国内改革的必然结果。中国已经为外国直接投资的飞跃创造了内部条件。正是由于中国国内政策条件的变化，包括设立经济特区、加入世贸组织和其他多边组织、开放国内市场，以及对包括通信网络、铁路、公路、港口、机场、物流的巨量投资等，使得投资中国从投资回报率来看，成为了不可抗拒的机会。

同样片面的看法是将中国对跨国公司的吸引力单纯地理解为优惠政策的刺激或是庞大的廉价劳动力。实际上，大量落户中国的外国公司不仅将工厂设在中国，还将研发机构的总部设在中国。这一事实的背后是中国政府对科研投资的重视。邓小平在改革开放正式开始前就强调了科学技术对国家现代化的战略意义，他将科学技术定义为第一生产力。作为代表工人农民的无产阶级政党，这一论断具有划时代的意义。科学和技术部门从那时起就被赋予了新的使命。科学和技术投入在中国国内生产总值中的比例不断增加，高校和科研机构不断为包括跨国公司在内的经济组织提供不同知识领域的训练有素的专业人员，并不断推动科技成果的转化。有鉴于此，提升中国制造业国际竞争力的原因，不再只有成本优势，而是越来越取决于其技术含量。

值得强调的是，中国的改革开放在国际上引起了激烈的争论。在"新自由主义"捍卫者眼中，中国提供了这一范式成功的又一例证。即使是那些对"新自由主义"保持距离的学者和政治家也认为中国正在走向资本主义的现代化。美国经济学家、2008年诺贝尔经济奖得主保罗·克鲁格曼（Paul Krugman）指出："邓小平可能完全没有意识到这条道路会带他走多远。当然，世界其他地方花了更长时间才意识到，有10亿人已经悄悄地放弃了马克思主义。"[1]毫无疑问，这些都是过于草率的评价。中国的改革开放是一次伟大的创新，是中国共产党在决策层面重新确立人民民主精神的过程。在这一过程中，一切从实际出发以及因地制宜的实践而非理论教条发挥了积极作用，市场同

---

[1] Paul Krugman, *De vuelta a la economía de la Gran Depresión y la crisis del 2008*, Bogotá: Ed. Norma, 2009, pp.22-23.

样扮演着重要的角色，但自始至终都是中国共产党的英明决策和高效管理引领着社会发展的方向。因此，改革开放非但不是中国共产党对马克思主义的放弃，而是中国共产党对马克思主义的灵活运用与伟大实践。

中国共产党的领导、对市场的规范管理、国家对土地及其他战略资源所有权的控制、中央政府在某些领域的计划调控、对外资采取适合中国国情的政策等，所有这些都意味着中国并没有走向唯经济利益至上的资本主义，而是试图通过市场化推动社会主义现代化，以更好地提升人民生活质量。中国共产党是从中国的国情以及世界政治经济局势出发，认真分析研究，才提出了社会主义市场经济。但是，这并不意味着对市场的放任自流。中国的经济增长与社会发展的方向是一致的。改革开放以来，中国的社会发生了深刻的变化。可以说，中国成为近几十年来全人类发展成果的主要解释变量。

第三节 新时代下的中国与世界
　　　　（2012年至今）

中国共产党通过经济增长促进社会发展和提高人民福祉的理念和政策，在一代代中国领导人中得以延续和贯彻。习近平主席上任以来，中国的发展进一步取得了举世瞩目的成就，中国日益走近世界舞台的中心。

一、消除贫困

几十年来，我多次访问中国，亲眼见证了中国人民的生活水平逐年改善的过程。我游历过很多中国城市，也去过很多农村地区，亲眼目睹了科学技术不断地被运用于农业生产和日常生活之中，有效推动了这些地区的经济发展和人民生活质量的提高。在少数民族聚居的地区，我观察到中央政府和当地政府大力保护和发展少数民族的语言、传统医学、美食文化、艺术表达形式，以及祖祖辈辈流传下来的智慧。这些地区展示了一个多元文化、充满包容性的中国社会。考虑到少数民族聚居区往往是经济欠发达地区，中国政府对这些地区的投入表现出中国共产党在新的发展阶段面临的第一个挑战，即消除极端贫困。

2018年12月发表的《改革开放40年中国人权事业的发展进步》白皮书提到，改革开放40年来，中国减贫8.5亿人，对全球减贫贡献率超过70%。这无疑是一个令人敬佩的伟大成绩。应当指出的是，在习近平主席履新之际，中国的极端贫困问题仍然非常严峻，当时中国的脱贫任务尚处攻坚期。中国政府意识到，广大农村贫困地区成了中国实现全面小康的短板，而且资源匮乏地区的人民已无法受惠于宏观经济增长自然带来的涓滴效应，因此，以往较为粗放式的扶贫政策亟需得到修正。

2013年底，习近平主席创造性地提出了"精准扶贫"这一重要理念，强调要"实事求是、因地制宜、分类指导、精准扶贫"，标志着中国政府扶贫方式的重大转变。中国政府将精准扶贫和精准脱贫的基本要求与主要途径归纳为"六个精准"和"五个一批"，要求在扶贫对象、项目安排、资金使用、措施到户、因村派人、脱贫成效六大方面落实精准政策，并通过发展生产、易地扶贫搬迁、生态补偿、发展教育、社会保障兜底五大途径打赢脱贫攻坚战。中国政府提出的精准扶贫措施,确定了要根据贫困的结构性因素和实际情况来制定扶贫计划、实行扶贫措施的必要性。众所周知,诸多困扰贫困地区的交通闭塞、生产力落后、物资匮乏等问题,常与文化因素密切相关。当然,在解决文化方面的问题时,并非对传统生活方式的扬弃,而是在尊重中国几千年来形成的根深蒂固的传统和习俗基础上进行"微调"。就此而言,专家,特别是社会科学领域的专家,在出台各地扶贫政策时功不可没。

毋庸置疑,中国的脱贫战役是人类历史上规模空前、力度最大、惠及人口最多的脱贫攻坚战。2012—2020年,近1亿农村贫困人口实现脱贫。2021年,中国共产党在其成立100周年之际迎来了历史性的时刻。2021年2月25日,全国脱贫攻坚总结表彰大会在北京召开。习近平主席庄严宣布:"现行标准下9899万农村贫困人口全部脱贫,832个贫困县全部摘帽,12.8万个贫困村全部出列,区域性整体贫困得到解决,完成了消除绝对贫困的艰巨任务。"[1]这无疑是载入中国史册的又一重要事件。在中国共产党的领导

---

[1] 习近平:《在全国脱贫攻坚总结表彰大会上的讲话》,《人民日报》,2021年2月26日。

下，拥有世界上人口最多的国家摆脱了绝对贫困，中国共产党兑现了其"不负人民"的承诺。这无疑也是载入世界历史的重大事件。中国的减贫经验为其他国家，特别是发展中国家，提供了重要启示和学习的榜样。与此同时，中国减贫的成功也对人类减贫事业产生了深远影响。

值得强调的是，面对如此辉煌的成绩，中国共产党始终强调，消除绝对贫困固然是一项成就，但它并非终点，而是解决中国农村地区诸多问题的重要一步。人类福祉将不再取决于城市化进程，广大农民理应享受与城市居民一样优质的健康、文化和教育福利，理应能够在他们的家乡实现过上更美好生活的梦想。因此，中国政府在近年又提出了乡村振兴战略。实施乡村振兴战略是中国共产党的十九大报告作出的重大战略决策，并写入了中国共产党党章。这充分说明了中国政府对乡村问题的重视程度，意味着中国政府的政策重点重新向乡村倾斜。实施乡村振兴战略已经成为中国全面建设社会主义现代化国家的重大历史任务。近些年来，中国乡村取得的变化有目共睹。

中国的方案是在现代和传统之间、在城市化和乡村振兴之间取得平衡，以便打造一个多元包容的共同富裕的社会形态。对于同样面临贫困和社会多元问题的拉美国家,中国的扶贫经验构成了国家间交流的一个重要方面,值得拉美国家借鉴。中国的经验表明,在政府良性政策的指导下,一个国家财富的增加可以惠及全体人民,而不仅仅是少数特权利益群体或城市居民。这一经验对拉丁美洲的各国政府和人民显得至关重要,值得深思。

二、环境保护机制

中国面临的另一项挑战是环境议题。在经济高速增长期,中国从一个以农业为基础的经济体迅速转变为世界的制造业中心。与此同时,人口也相应从低密度的农村地区转移到高密度的城市地区。中国经济在向工业化和城市化快速转变的过程中,难免会造成对自然资源的过度攫取,从而影响到生态环境的再循环能力。在新的发展阶段,经济增长和自然资源可持续使用之间的矛盾成为从政府到民间普遍关注的对象。

环境保护在习近平主席任职以来成为中国政府各项政策中的重中之重。2013 年,中国政府颁布《大气污染防治行动计划》。该《计划》指出,中国的大气污染形势严峻,以可吸入颗粒物(PM10)、细颗粒物（PM2.5）为特征污染物的区域性大气环境问题日益突出。"大气环境保护事关人民群众根本利益，事关经济持续健康发展，事关全面建成小康社会，事关实现中华民族伟大复兴中国梦。"①为了达到设定的空气改善目标，中国政府实施了一系列严格的能源和环保措施。例如，优先关注工业领域的煤炭消费，企业被要求通过使用天然气等替代能源来实现绿色发展；建立更多的地方环保机构，并赋予这些机构更大的监督权和执行权力；启动覆盖全中国的环境空气质量监测网；对违反节能、安全和环保要求的行为进行更为严厉的处罚，严格执行相应的标准，支持淘汰过剩产能；对新建工厂采取"预防为主"的原则，法律要求对任何新建的、扩大的或翻新的建设项目进行环境影响评估，并应在有关部门的批准下，在建设项目启动的同时安置污染控制设施等。

2015 年中国政府又出台了《关于加快推进生态文明建设的意见》，再次强调中国面临的严峻形势，"总体上看我国生态文明建设水平仍滞后于经济社会

---

①《大气污染防治行动计划》，2013 年 9 月 13 日，中华人民共和国中央人民政府网站，http://www.gov.cn/zhengce/content/2013-09/13/content_4561.htm

发展，资源约束趋紧，环境污染严重，生态系统退化，发展与人口资源环境之间的矛盾日益突出，已成为经济社会可持续发展的重大瓶颈制约"。[①]习近平主席提出的"绿水青山就是金山银山"理念也被写入该《意见》中。所有这些措施在中国共产党第十九届五中全会和六中全会中再次得到确认，并被列为在2035年基本实现社会主义现代化的主要目标之一。预期届时碳排放达到峰值后将稳步下降，中国的环境状况将得到根本改善。

环境保护的重要性也突出体现在中国政府的第十四个五年规划（2021—2025年）中。中国政府明确提出要大力发展绿色经济，坚决遏制高耗能、高排放项目盲目发展，推动煤炭等化石能源清洁高效利用等。中国政府强调，为了在2035年之前实现社会主义现代化，社会的所有领域都必须重视环境问题，要加快推进有利于保护生态环境的生产方式、生活方式和治理方式。中国的基本立场是，"坚持公平、共同但有区别的责任及各自能力原则，建设性参与和引领

[①]《中共中央国务院关于加快推进生态文明建设的意见》，2015年4月25日，人民网，http://politics.people.com.cn/n/2015/0506/c1001-26953754.html

应对气候变化国际合作,推动落实联合国气候变化框架公约及其巴黎协定,积极开展气候变化南南合作"。[①]为此,身为发展中国家的中国郑重承诺,二氧化碳排放力争于2030年前达到峰值,并努力争取在2060年前实现碳中和。目前,中国是新能源汽车生产和销售的领先国家,并在减少颗粒污染物方面取得了重大进展。

中国对环境保护和可持续发展的重视意味着中国再次成为了整个人类社会发展的重要贡献者。美国国家航空航天局显示,相比20年前,地球变得更绿了,而这种变化主要归因于中国的贡献,其次是印度。进入21世纪以来,中国和印度共增加了相当于亚马孙所有雨林面积的绿色植被。这一切离不开中国实施的护林和育林计划,该计划作为减少土壤侵蚀、空气污染和气候变化影响的手段在中国被上升到了国家战略。

近些年来,为了治理环境,中国政府不仅加大科研投入和财政支出,还坚定维护共同治理环境污染、

[①]《中华人民共和国国民经济和社会发展第十四个五年规划和2035年远景目标纲要》,2021年3月13日,中华人民共和国中央人民政府网站,http://www.gov.cn/xinwen/2021-03/13/content_5592681.htm

保护地球生态的全球合作体系。中国对国际气候变化合作机制的参与也变得更为直接和积极。2020年12月,习近平主席在气候雄心峰会上发表视频讲话,提到"全球变暖不会因疫情停下脚步,应对气候变化一刻也不能松懈"[①]。习近平再次阐述"中国承诺",表示中国将继续积极推动全球应对气候变化的多边进程。2021年4月,习近平主席出席领导人气候峰会,强调要坚持人与自然和谐共生,要以人为本,并首次提出构建"人与自然生命共同体"。

当今的中国,已经成为全球生态文明建设的参与者、贡献者和引领者。中国是一个坚定践行多边主义、积极倡导合作共赢、重信守诺的国家。相信在不久的将来,中国不仅能在国内实现社会发展全面绿色转型,还能对全球应对气候变化作出更为突出的贡献。

三、抗击新冠肺炎疫情

如果说环境保护已然成为中国与世界对话的基本议题,那么我们正在经历的新冠肺炎疫情则凸显了在

---

①习近平:《继往开来,开启全球应对气候变化新征程》,《人民日报》,2020年12月13日。

更多有关人类福祉的问题上加强全球合作的重要性。或者说，新冠肺炎疫情的蔓延凸显了全球公共卫生领域需要更为密切的多边合作。在此背景下，中国重申了与其他国家合作以应对新冠肺炎疫情的意愿和能力。与减贫和环保领域类似，中国同样能在科学技术和政策设计层面为中国人民以及世界人民的健康和全球经济复苏作出贡献。中国通过向其他国家提供重要物资和技术援助，为遏制新冠病毒的蔓延作出了重要贡献。此外，中国还通过研发疫苗和药物来协助国际社会对抗新冠病毒，并强调要继续支持不同国家的科学家在全球范围内进行科学研究。

2020年5月18日，习近平主席在第73届世界卫生大会视频会议开幕式上致辞，宣布愿同国际社会一道，共同抗击新冠肺炎疫情，并将提供国际援助。中国政府与其他国家携手抗疫的立场和决心令人敬佩。中国向其他国家提供的防疫物资援助和疫苗援助有目共睹。可以说，中国是全球抗疫行动的典范，体现了大国的责任与担当。面对疫情，中国政府卓越的领导能力、管理能力和行动力，也值得我们思考：为什么中国总能高效地应对危机，而很多发达国家却在疫情面前束手无策。

与发达国家不同，中国政府在疫情暴发初期即为发展中国家提供了各种物质和技术援助，包括捐助医疗设备、派遣训练有素的医疗人员推广其抗疫经验等。截至2020年8月，中国向拉丁美洲和加勒比地区的30个国家捐赠了2700多万件卫生用品和医疗物资，如口罩、防护服和检测试剂盒以及1100多台呼吸机。中国与拉美国家举行了30多次视频会议，毫无保留地分享抗疫经验，并积极提供采购、运输、清关等便利，协助拉美国家搭建起"空中桥梁"和抗疫"生命通道"。[1]在拉美国家的抗疫之战中，我们频频看到中国的身影。中国向委内瑞拉派遣了一支由医生和科学家组成的专家团队，提供了22吨的医疗设备，包括50万个快筛试剂、呼吸机、防护服、防护镜、口罩和手套等。在哥伦比亚，中国提供了10万个口罩、2万个病毒检测试剂盒和5台呼吸机。在阿根廷，中国捐助了病毒检测试剂、防护服、口罩和其他健康保护物品。在智利和墨西哥，来自中国的疫苗和其他设备也发挥了巨大作用。在非洲和欧洲等地区，中国同样提供了大量的物资、技术和人员方面的援

---

[1]《中拉携手抗疫生动诠释"天涯若比邻"》，《人民日报》，2020年8月1日。

助。中国的大国担当和国际主义精神令人敬佩。

作为世界上少数几个具有疫苗研发和生产能力的国家，中国极大地改善了全球疫苗分配不均的情况，成为发展中国家获得疫苗的主要来源国。众所周知，中国的人口基数大，但是，中国在确保本国人民疫苗使用的前提下，积极倡导让疫苗成为全球公共产品，并对所有向中方提出疫苗合作需求的国家都作出积极回应。根据中国国务院联防联控机制数据显示，截至2021年8月，中国已向世界提供新冠肺炎疫苗和原液超7亿剂，中国对外援助和出口疫苗数量超过其他国家的总和。[1]截至2021年12月，中国已向世界120多个国家和国际组织提供近20亿剂疫苗，成为对外提供疫苗最多的国家。[2]从8月的"7亿剂"到12月的"20亿剂"，还有什么比这一数据更能证明中国在全球抗疫中作出的积极贡献呢？

此外，中国还与多个发展中国家开展新冠疫苗联合研发和合作生产，以扩大当地产能的方式助力全球

---

[1]《中国对外援助和出口新冠疫苗数量超过其他国家总和——让疫苗成为全球公共产品，中国做到了！》，《人民日报》，2021年8月1日。
[2]《20亿剂！中国是对外提供疫苗最多的国家》，2022年1月5日，人民网，http://health.people.com.cn/n1/2022/0105/c14739-32324306.html

抗疫。这其中就包括中国科兴公司与巴西布坦坦研究所（Instituto Butantan）的合作。此外，科兴公司还将在智利投资建造一个疫苗研发中心和一家疫苗生产厂。这些项目有助于拉美国家更好地融入全球疫苗生产链，并能确保拉美国家获得稳定的疫苗供应。

综上所述，新时代的中国在减贫、环境保护和健康卫生等全球公共事务上作出了重大贡献，提供了富有价值的中国方案。

第二章
"一带一路"的构建

在新的发展阶段，中国提出的以科学发展为基础、在与自然的和谐共存中提高人类生活质量的宗旨具有普适性。随着中国经济体量的扩大和国际地位的上升，中国的实践经验开始在全球范围产生广泛影响，而"一带一路"倡议的提出正是新时代中国与世界关系的缩影。"一带一路"国际合作是中国政府构建人类命运共同体的重要实践，助推了一系列以多边合作体系追求人类社会共同福祉的相关议程的发展。

第一节 昔日"丝绸之路"的延续

中国学者杨牧之在其为《大中华文库》所作的序言中,强调了世界不同时间不同地域所产生的璀璨文明对中华文明的意义:

> 中国文化的形成和发展过程,就是一个以众为师,以各国人民为师,不断学习和创造的过程。中华民族曾经向周边国家和民族学习过许多东西,假如没有这些学习,中华民族决不可能创造出昔日的辉煌。回顾历史,我们怎么能够不对伟大的古埃及文明、古希腊文明、古印度文明满怀深深的感激?怎么能够不对伟大的欧洲文明、非洲文明、美洲文明、大洋洲文明,以及中国周围的亚洲文明充满温情与敬意?[1]

同理,我们身处其他文化圈的成员也要借鉴学习

---

[1]杨牧之:《让世界了解中国——〈大中华文库〉总序》,《海内与海外》,2007年第6期,第53—55页。

中国古老而伟大的文明。实际上，在我们思考当前复杂多变的世界格局时，不同文明之间的相互借鉴和传承尤显重要。因此，在展开对"一带一路"倡议讨论之前，我们不妨先回顾一下我们所处的这个时代的世界文化和交流体系是如何形成的，以及中国在其中所扮演的角色。

在世界近代史上，常把以热那亚、佛罗伦萨、威尼斯等城邦为代表的欧洲社会所发生的政治和经济事件作为世界变革的典型来加以研究，却忽略了对亚洲国家，特别是中国的关注。可以说，在世界历史的一个漫长阶段，中国的人口、文化、官僚组织、工商业发展和军事实力都曾引领世界，是世界早期经济文化交流的一极。从某种意义上而言，单纯从国家实力来观察，中国在很长一段时间内具有支配和征服世界上大片地区的可能性。然而，这种可能性从未被付诸实施。中国与世界交流的方式因此表现出与此后欧洲殖民者明显不同的特点。或许我们可以从中华民族几千年的"和"文化中找到原因。

中国与其统治疆界之外的文明互动和商贸往来可以追溯到几千年之前，其中非常著名的就是在西汉时期发展起来的古丝绸之路。特别是在汉武帝时期，他实施的外交政策打通了一条进出中国的走廊。这条走廊后被称作古代丝绸之路，东端是当时中国的首都长安（即现在的西安），西端则是罗马帝国的政治中心。古代丝绸之路所构建的并不仅仅是一条实质意义上的商道，而是基于陆路运输的一个庞大的网络体系。在该体系中，不同国家互通有无，新的城市不断涌现，成为跨国文化和贸易交流的交汇点。商人通过这个网络交易不同地区的特产，其中丝绸是最珍贵的商品之一，陶瓷、茶叶、香料、水果和宝石也是最常被交易的产品。人员的流通使东西方之间的文化互动成为一种必然。造纸和活字印刷技术从中国向西方传播。佛教、基督教、摩尼教、伊斯兰教等宗教思想，以及包括天文学在内的知识系统相互交织。不同的语言和文字的相遇创造了一个开放和包容的环境，给当时的文明带来了巨大的辉煌。然而，自然障碍、极端天气、走私和一些地区的政治不稳定因素，最终导致了这条陆上丝绸之路的衰退。尽管贸易的数量和强度仍在持续增长，但随着北方游牧民族的崛起及此后蒙古帝国的瓦解，以及明朝实行闭关政策等诸多原因，陆上丝绸之路在 14 世纪中叶不可避免地走向没落。

　　与此同时，新的海上丝绸之路开始兴起。造船技术的革新和罗盘的使用使长途海运成为可能。与陆路运输相比,海运因其较为低廉的成本和更大的货物载量成为商人青睐的运输方式。随着欧洲地中海城邦的崛起和中国经济中心的南迁,在14世纪和15世纪欧亚之间出现了多条商业海路,有力推动了更为广泛而多元的文化和产品交流。包括中国和欧洲在内的来自世界各国的航海家和商人创造了比陆上丝绸之路覆盖范围更广的贸易网络。新的海上航线将初具规模的跨撒哈拉贸易网络、印度次大陆的贸易体系、地中海的贸易城邦、印度洋岛屿和南中国海的港口群以及中东和东亚其他国家相互连接。在16世纪,随着大航海时代的来临,跨洋航线扩展到美洲大陆,建立了跨太平洋的贸易。以马尼拉大帆船(Galeón de Manila)为代表的商船来往于墨西哥和菲律宾之间,源源不断地将美洲的可可、玉米、白银、硝石和铅运到亚洲,又从亚洲各地收购瓷器、丝绸、亚麻和棉织品,以及各种香料等物品运回美洲。与商业活动同时展开的还有人员和文化的流动。神职人员、商人和奴隶,以及他们所携带的书籍、绘画和雕塑在美洲、亚洲、欧洲和非洲的广大领土上相互流动,构成了现代世界贸易体系的雏形。①

在这个早期全球化媒介从陆地向海洋转移的过程中，中国并不是旁观者。在中国和西方出版的众多文献中，在专门的博物馆里，都有郑和船队的身影。在15世纪初，郑和的船队是世界航海史上最重要的一支。关于该船队在历次远洋航行中所到达的地方，仍存在不少争论。其中，最具争议性的观点之一是由英国人加文·孟席斯（Gavin Menzies）提出的。在其所著《1421年：中国发现世界》（1421: *The Year China Discovered the World*）一书中，孟席斯挑战欧洲航海家发现美洲的正统叙事，提出最早到达美洲大陆的是郑和的船队。尽管该观点备受批评，但是其他历史学家至今也未能完全否定这种可能性。无论郑和的船队是否抵达过美洲，可以肯定的是，当时的中国完全具备完成这一伟业的物质条件和技术条件。

值得指出的是，不论是在太平洋上，还是在印度洋上，中国在与其他民族交往的过程中，从未展现出任何殖民的意图。中国为什么没有走上西欧列强殖民

---

①参见本人拙著《中国与墨西哥维拉克鲁斯：历史交往的过去与未来》（China y Veracruz. Antecedentes y porvenir de su relación histórica, en *La Palabra y el Hombre. Revista de la Universidad Veracruzana*, núm.54, octubre-diciembre 2020, pp.39-44）。

化的道路呢？回顾历史，中国显然是西方殖民主义的受害者之一。19世纪发生的许多事件对这个国家而言可谓致命的灾难。鸦片战争爆发后，各式各样的外国势力的侵扰加剧了清政府的内部危机，最终导致清朝的灭亡。而接替封建王朝的那些所谓的"自由主义者"也没能实现国家的长期稳定，其主张也没有被整个社会所接受。与中国自19世纪中叶以来的衰落对应的是西欧和美国的繁荣。它们从工业革命和对亚、非、拉大部分地区的殖民统治中巩固了自己的权力。然而，最糟糕的还不是以西方为中心的贸易体系的形成，而是欧洲中心主义产生的一种错觉，即西方的道德和哲学范式能以一种超越时空的方式解释世界运行的规律。这种傲慢的对世界复杂性的简化至今仍在保守精英中留存。他们无视或排斥世界的多样性，否定其他国家或地区的民众几千年来形成的宇宙观和价值观。自然，他们也排斥其他国家的民众对人与自然的关系持不同看法，或是对政治制度有其他的选择。

在反帝反封建的斗争中，在与造成这一现象的霸权主义和沙文主义的对抗中，中国共产党的历届领导人不仅继承了自古丝绸之路以来中国"和而不同"的历史传统，还将之延展到中国的对外工作中。2017

年,习近平主席在出席第一届"一带一路"国际合作高峰论坛时,在演讲中提到了郑和:"中国著名航海家郑和七次远洋航海,留下千古佳话。这些开拓事业之所以名垂青史,是因为使用的不是战马和长矛,而是驼队和善意;依靠的不是坚船和利炮,而是宝船和友谊。"①习近平主席的这番话,重申了郑和所代表的中国与世界各国和平共处的历史传统。换言之,中国在向外投射自我实力时,并不是以征服为目的,而是以加强相互认知和维系友谊纽带为宗旨。作为互不干涉和互相尊重原则的倡导者,在中华人民共和国成立后不久,中国共产党就提出了和平共处五项原则。近年来,以习近平主席为核心的新一代中国领导层又提出了构建人类命运共同体的理念。从古代的丝绸之路,到新时代的"一带一路",中国秉持的"和而不同"传统以及对世界和平发展贡献一己之力的追求从未改变。

---

①习近平:《携手推进"一带一路"建设——在"一带一路"国际合作高峰论坛开幕式上的演讲》,《人民日报》,2017年5月15日。

第二节 "一带一路"倡议：世纪之举

中国倡导以多边主义应对国际社会面临的诸多挑战。中国的发展与世界上其他国家的发展密不可分，中国与其他国家一样是人类命运共同体的一分子，承担着共同的责任，包括稳定和共同发展。

在中国设想的多边体系中，亚洲、非洲、大洋洲和美洲国家需要拥有与各自当前发展水平相适应的代表权和话语权。这从一个侧面反映了过去几十年世界经济格局发生的深刻变化。举例来说，按名义国内生产总值规模看，2000年排名前七位的国家依次为美国、日本、德国、英国、法国、中国和意大利。2017年这一排名调整为美国、中国、日本、德国、法国、英国、印度。2000年，中国的国内生产总值勉强达到美国的12%，日本的25.5%。但到了2020年，中国的经济体量已是美国的近70%，是日本的3倍多。上述数据已经非常震撼，但这些数据还不足以说明世界经济结构变化的深刻程度。如果按购买力平价（PPP）来衡量每个经济体在全球经济中的具体权重，根据国际货币基金组织的测算，中国在几年前就已经超过美国，位居世界第一。

实际上，中国只是近年来众多发展中国家崛起的一个例子。俄罗斯、印度、印度尼西亚、墨西哥、巴西、越南和其他东南亚国家的经济和政治重要性也在近年来进一步增强。这些国家正在对原本西方中心的世界体系提出质疑，要求改变自身在财富集聚特别是金融资产分配中的边缘地位。中国与其他发展中国家正在全球层面打造一种全新的国与国之间的关系，一种由各自在全球生产链上所处地位决定的新型合作关系。

总体而言，在当今世界已形成这样一种共识，即所有人类都生活在同一片天空下，不同国家、不同文明之间要信守对彼此的承诺，通过多边组织求同存异，共同发展。在这一共识下，寻求合作和平等关系的中国立场符合时代潮流。当前，中国的理念正通过其倡导的"一带一路"国际合作为其他国家所认知，并获得越来越广泛的认同与支持。

2013年9月，习近平主席在哈萨克斯坦纳扎尔巴耶夫大学发表题为《弘扬人民友谊，共创美好未来》的演讲，提出与中亚地区共同建设"丝绸之路经济带"的合作倡议。同年10月，习近平主席在印度

第二章 "一带一路"的构建

尼西亚国会发表题为《携手建设中国—东盟命运共同体》的演讲，表达了中国愿同东盟国家加强海上合作，共同建设21世纪"海上丝绸之路"的愿望。此后，上述两项倡议被概括为"一带一路"倡议。

毫无疑问，"一带一路"倡议是迄今为止由单个国家提出的最大的全球社会和经济发展倡议。一经出台，该倡议就引起了国际社会的普遍关注，褒扬和批评的声音兼而有之。以西方发达国家为主的一些国家常将"一带一路"倡议错误地理解为21世纪的"马歇尔计划"。较之于二战后美国主导的"马歇尔计划"，中国的倡议无论从历史背景、涵盖对象还是内涵意义上都有明显的不同。一方面，"马歇尔计划"是在二战后美苏两强争霸的背景下提出的，带有明显的意识形态因素。其主要目标是恢复战后欧洲的局势，避免苏联的影响在欧洲扩张，并促进美国的经济发展。与之相反，"一带一路"倡议是为了建设一个包括交通、能源和通信在内的相互连接的基础设施的全球网络，以此促进国家间经贸、文化和人员的相互交流，旨在通过这一丰富的多层面的交流过程，改善全世界人民普遍的生活质量，建立一个命运与共、协同发展的"地球村"。另一方面，"马歇尔计划"是单边主义的，对于参与的国家有严格的限制条件。美国支持的仅仅是其欧洲盟友的重建，而将社会主义国家和那些被认为是第三世界的国家统统排除在外。"一带一路"倡议秉持的则是多边主义与一视同仁的理念，没有地域、经济发展水平或意识形态限制，世界上任何地区和国家都可以自愿参加。中国的倡议充分尊重各种类型的政治、信仰或社会形态。参与国家以平等权利共同打造多边合作的空间，从而实现互利共赢。当然，作为"一带一路"倡议的发起国，在现有的"一带一路"项目中，都有中国的深度参与。但是，中国政府始终保持着平等、开放和协商的合作态度，所有加入"一带一路"国际合作的国家均有权对该倡议的具体合作内容和模式提出改善意见。随着"一带一路"各类项目的不断推进，该倡议合作共建、互利共赢的特点将变得越来越明显。

"一带一路"倡议的提出，显现出中国认识到自己有责任为国际发展议题提供解决方案，并展示出中国践行这一方案的意愿和决心。"一带一路"是中国国内经济社会发展的外部延伸，也是对中国自身发展经验的总结和推广。除了强调基础建设的重要性之外，中国经验还指出了以技术交流与合作为基础的科学发展方向,即由人工智能、机器人技术、新材料和可再生能源的开发所驱动的创新式可持续发展。同时,中国认为在经济发展水平不同的国家或地区之间进行交流时,必须遵守平等双赢的原则。简而言之,就是国与国之间不存在谁强谁弱的问题,双方应以平等协商的方式,各取所需,共同发展。这一倡议与"新自由主义"模式的经验形成鲜明对比,后者视发展中国家为弱者,需要指导和援助。而这种单边援助使援助国站在相对的道德制高点,从而在实际上将某些值得商榷的政策强加给被援助国,造成了社会和经济危机,影响了被援助国的发展。与之相反,"一带一路"倡议的包容性和开放性有目共睹,例如,"一带一路"倡议将拉丁美洲和加勒比国家也纳入其中。从历史层面看,这有别于古代丝绸之路对于亚欧经济圈的过度关注。从国际层面看,也有别于美国等欧美国家对拉美地区的经济掠夺。

自"一带一路"倡议提出以来,越来越多的国家表达了参与这一国际合作的意愿。2017年,在中国举办的第一届"一带一路"国际合作高峰论坛上,29国国家元首和政府首脑以及来自130多个国家和70

多个国际组织的1500多名代表参会。[①]与会嘉宾共同回顾了"一带一路"倡议提出三年来取得的进展,并就相关议题展开了热烈讨论。时隔两年,当2019年第二届"一带一路"国际合作高峰论坛召开时,"一带一路"倡议已经成为贸易和人员交流领域最重要的国际合作平台之一。37国国家元首和政府首脑以及来自150个国家和92个国际组织的6000余名代表参会。[②]"一带一路"倡议取得的历史性的进展有目共睹,其框架下的项目推进孕育了新的市场,创造了新的就业机会。当然,阻挠"一带一路"成功的不确定因素仍然存在,但可以预见的是,随着"一带一路"倡议不断扩展国际合作的空间界限,一种专注于合作和网络建设的新型国际关系将逐渐成型。

我们将结合现有专家学者的研究成果对"一带一路"倡议的整体框架和特点作进一步的阐述。简单而言,"一带一路"的整体框架由四个部分组成,即海陆双翼、互联互通、"三项基本原则"和专项丝路。(见图2-1)

[①] 蔡昉、马丁·雅克、王灵桂主编:《"一带一路"手册:2020版》,中国社会科学出版社2021年版,第421页。

[②] 蔡昉、马丁·雅克、王灵桂主编:《"一带一路"手册:2020版》,中国社会科学出版社2021年版,第425页。

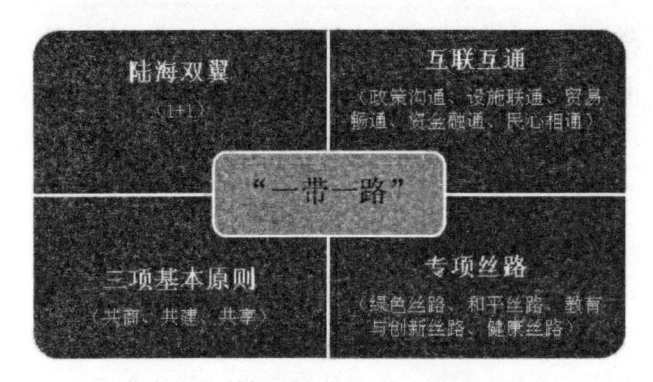

图 2-1 "一带一路"倡议整体框架

一、陆海双翼

打造"丝绸之路经济带"和"21 世纪海上丝绸之路"的基础是大量的基础设施工程，其目的是建立一个连接多国的环状运输网络。丝绸之路经济带包括三大走向：一是从中国西北、东北经中亚、俄罗斯至欧洲、波罗的海；二是从中国西北经中亚、西亚至波斯湾、地中海；三是从中国西南经中南半岛至印度洋。21 世纪海上丝绸之路包括两大走向：一是从中国沿海港口过南海，经马六甲海峡到印度洋，延伸至欧洲；二是从中国沿海港口过南海，向南太平洋延伸。推动共建丝绸之路经济带和 21 世纪海上丝绸之路,将推动沿线各国和各地区之间的交流,有效促进沿线各国和各地区的发展。在当前复苏乏力的全球经济形势下,中国的这些举措无疑会为全球经济带来新的动力。

二、互联互通

如果说基础设施建设是"一带一路"最为直观的表现形式之一,那么在沿线国家之间实现"五通"才是"一带一路"倡议的深刻内涵。

(一)政策沟通

"一带一路"倡议是一个涵盖众多国家的国际合作项目,具有不同历史文化背景、政治制度和思想理念的国家之间的政策协调构成了一个重大挑战,需要各方不断沟通协调才能妥善应对。"一带一路"倡议的实施需要国家间加强政策协调。在这个意义上,增强政治互信、增进政策沟通、寻求发展与合作的共识是实施"一带一路"的重要保障。

(二)设施联通

基础设施的建设和改善对于提高货物运输和人员流动的效率至关重要,可以有效促进经济增长。基础设施建设包括国内和国际两个方向,即面向参与国国内的基础设施改善和参与国之间的跨国基础设施建设。

（三）贸易畅通

设施联通的直接影响是促进货物运输，但是加强贸易联系更需要消除各种形式的投资和贸易壁垒。中国一直主张自由贸易和贸易便利化，为此"一带一路"倡议采取了一系列措施以实现贸易畅通，如促进设立自由贸易区；支持创新贸易方式，包括发展跨境电子商务平台；优先考虑边境地区的港口项目，促进新的海上和陆地航线的发展，以及多种形式的联运；实施海关改革，促进参与国海关部门之间的长期合作等。

（四）资金融通

"一带一路"倡议的实施需要大量资金投入。为此，有必要深化多边金融合作，探索国际融资模式多元化，合理利用和分配资源，从而使"一带一路"倡议在沿线国家产生最大范围和最大规模的影响。

（五）民心相通

民心相通对经济发展的贡献难以量化，但它是理解现实多样性和复杂性的关键，是整合各个国家历史经验的前提。就此意义而言，上述互联互通的质量将取决于民间交流的深入程度。因此，促进和鼓励国与国之间的人文交流，增进文明对话与互学互鉴始终在"一带一路"倡议中处于基础地位。当前，新冠肺炎疫情的暴发为国际间的人员流动带来了困难，但人与人之间的交流仍然是"一带一路"倡议最主要的构成部分之一。此外，卫生危机加剧了经济危机和社会动荡，逆全球化思潮盛行，在此背景下，民心相通在消除隔阂、凝聚共识等方面的重要性更加凸显。

三、"共商、共建、共享"基本原则

随着"一带一路"倡议的推进，逐渐形成了"共商、共建、共享"这三项基本原则。共商要求各方在了解各自需求的基础上进行平等对话，通过充分协商，产生具有现实意义的规划。诚然，"一带一路"倡议是由中国主导的，但是中国充分尊重其他国家的意见，认真聆听各国提出的意见和建议，倡导具体问题具体讨论以便缩小理论与实践之间的差距。共建强调的是共同参与、携手并进和共同担当。共同建设有助于有效了解项目实施过程中出现的问题，能鼓励本地和外国劳工的结合，从而产生有利于本地就业的协同作用。此外，共建还有助于技术转让，提供满足各方利益的项目以促进效率和效益提升等。通过共建，"一带一路"能充分调动各方积极性，汇聚各方优势，更好地推进各项合作。共享的理念就是互惠互利，实现双赢或多赢。"一带一路"倡议希望可以促进各方在经济、教育、科技和文化等层面相互学习，实现共同发展，从而切实改善成员国人民的生活质量。

综上所述，"一带一路"倡议的核心理念就是"共同"二字。换言之，这虽然是中国提出的倡议，但其目的是让这个倡议不仅惠及中国人民，更能惠及多国人民。从某种意义而言，"一带一路"倡议是一个跨文化的协同项目。在过去的30年里，随着全球化的不断深入，政府、公司和各种机构之间的合作产生了国家间人员交流的指数级增长。但这些交流往往集中在现实层面的经济和贸易联系上，而忽视了多元文化认知和对话的重要性。跨文化交流以相互理解为基础，表现为不同文化群体之间的协同过程，并在交流和沟通中寻求平等。换言之，这个概念本身即包括了对民族多元性的尊重。跨文化交流不仅要求对文化多样性的认知，还要求在这一基础上开展行动，提供有效方案以消弭文化差异，凝聚共识，通力协作。因此，"一带一路"倡议确立的共商、共建、共享三项基本原则正是一种基于跨文化认知的行动原则（见图 2-2）。

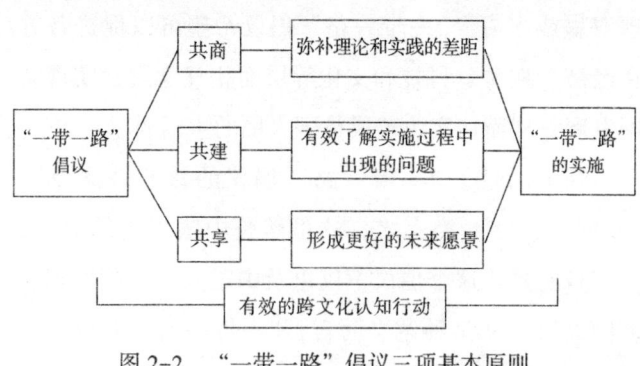

```
                ┌──共商──── 弥补理论和实践的差距 ──┐
"一带一路"     │                                    │  "一带一路"
    倡议  ─────┼──共建──── 有效了解实施过程中 ─────┤   的实施
                │           出现的问题               │
                └──共享──── 形成更好的未来愿景 ─────┘
                └───────── 有效的跨文化认知行动 ──────┘
```

图 2-2 "一带一路"倡议三项基本原则

值得强调的是，"共商、共建、共享"的原则自提出后在全球获得了广泛认同。2017年9月，第71届联合国大会通过关于"联合国与全球经济治理"决议，要求各方本着"共商、共建、共享"的原则改善全球经济治理，寻求应对全球性挑战的共同之策，构建人类命运共同体。这是中国首倡的理念又一次成为国际共识的明证。

四、专项丝路

将"一带一路"倡议简单地理解为由基础设施连接的贸易网络无疑是片面的。"一带一路"网络不仅要促进贸易和经济增长,更重要的是为成员国带来可持续的社会经济发展。为此,"一带一路"倡议强调和平的国际环境、和谐的人与自然的关系,以及人类社会在教育和公共卫生等领域的进步。这就意味着要想推进"一带一路"沿线国家的社会发展,需要各个国家在更大范围展开合作。事实上,"一带一路"倡议还包括数条至关重要的合作路径。

(一)绿色丝绸之路

自18世纪工业革命以来,人类的活动在较长一个时期改变了自然界,影响到生物多样性和人类生活本身的可持续性。其中,气候变化,特别是与全球变暖有关的极端气候现象已然改变了所有文明的生存状态。实际上,中国政府这种对人类发展和自然环境之间关系的认识植根于中国自身的发展经验和教训。在改革开放后相当长一段时期,对工业现代化的渴望相对弱化了环境保护的优先性。过高的经济增长率以及以煤炭为主的能源结构对人们的生活造成了负面影响。直到"一带一路"倡议提出之际,中国不少地区的环境状况仍非常严峻。

如前所述,自习近平主席任职以来,中国政府将生态文明建设放在突出地位,出台了一系列重要举措。随着人民生活水平的提高和国内生产总值增长速度的放缓,中国政府明确要坚持节约资源和保护环境的基本国策,将绿色发展放在首位,致力于打造环境友好型的工业和服务业模式,并采取了令人印象深刻的措施来控制和减少其日常活动对环境的影响。有了这些负责任的做法,中国自上而下形成了现代化的环保意识,环境质量得到了切实的改善。

中国国内政策的这些变化,反映在"一带一路"的倡议中就是强调"一带一路"的项目均必须建立在经济和社会可持续发展的基础上。在2019年第二届"一带一路"国际合作高峰论坛上,习近平主席发表题为《齐心开创共建"一带一路"美好未来》的主旨演讲,特别强调:

> 发展不平衡是当今世界最大的不平衡。在共建"一带一路"过程中,要始终从发展的视角看问题,将可持续发展理念融入项目

选择、实施、管理的方方面面。我们要致力于加强国际发展合作,为发展中国家营造更多发展机遇和空间,帮助他们摆脱贫困,实现可持续发展。为此,我们同各方共建"一带一路"可持续城市联盟、绿色发展国际联盟,制定《"一带一路"绿色投资原则》,发起"关爱儿童、共享发展,促进可持续发展目标实现"合作倡议。我们启动共建"一带一路"生态环保大数据服务平台,将继续实施绿色丝路使者计划,并同有关国家一道,实施"一带一路"应对气候变化南南合作计划。我们还将深化农业、卫生、减灾、水资源等领域合作,同联合国在发展领域加强合作,努力缩小发展差距。[1]

中国领导人的上述表态意味着"一带一路"倡议向人类社会提出的理想社会的构想是一个理性的、可持续发展的计划。因此,"一带一路"倡议不应该被理解为是不负责任的消费主义的增长。相反,它

---

[1]习近平:《齐心开创共建"一带一路"美好未来》,《人民日报》,2019年4月27日。

期望在满足健康、住房、教育和食物等基本需求与保护自然环境之间实现平衡。众所周知,"一带一路"沿线多为发展中国家和新兴经济体。从目前来看,这些国家的经济发展对资源的依赖程度较高,发展与环境之间的压力较大。鉴于此,中国在推进"一带一路"项目特别是基础设施建设项目时,特别强调绿色发展和低碳建设的重要性。一方面,中国政府要求中国企业自觉遵守各国的环保政策和相关法规;另一方面,中国政府积极推广绿色概念,分享环保经验,大力促进与参与国在保护生态环境、应对气候变化、保护生物多样性等领域的国际合作。建设绿色丝绸之路,突出体现了中国倡导的环保概念和身体力行的实践,也体现了中国对实现全球可持续发展的大国担当。

(二)和平丝绸之路

古代丝绸之路非常重视和平,强调国与国之间的和睦相处。作为新时代丝绸之路的"一带一路"亦是如此。习近平主席在多个场合强调,中国是在和平共处五项原则的基础上开展对外交流,推进"一带一路"合作项目。中国秉持互相尊重、公平公正、合作共赢的态度,致力于打造对话不对抗、结伴不结盟的伙伴关系。

中国政府敦促实现共同、综合、合作、可持续的安全，坚持通过对话协商与和平谈判解决矛盾分歧。要达成这一点，就要缩小贫富差距，让更多的社会团体参与到"一带一路"倡议的项目建设中来，并通过长期对话建立国家间的相互信任，共同打造一条符合共同利益的和平丝绸之路。有些别有用心的人故意抹黑"一带一路"倡议，将之贴上"地缘扩张论""经济掠夺论"等标签。"一带一路"到底是一条"和平之路"还是一条"霸权之路"，诸多事实已经给出了明确的答案。

（三）教育与创新丝绸之路

对于发展中国家而言，教育的进步不仅是国家经济社会发展的结果，也是促进发展的因素之一。因此，教育水平的提升可以产生良性循环，即通过改善个人及社会生产力提高生活质量，促进经济发展，这反过来又会为建立更现代化和更包容的教育系统提供资源和动力。在当代社会，科技创新成了重要的驱动力。而中国在科技创新领域取得的成果举世瞩目。

"一带一路"倡议非常重视沿线国家的教育和科

技合作，为科研机构之间开展教学和研究合作提供了平台。2016年，中国科技部和国家发展和改革委员会联合商务部等机构联合发布《推进"一带一路"建设科技创新合作专项规划》，明确提出中国将与参与国共建一批研究实验室、技术转移中心和先进技术示范与推广基地等，加强新技术的运用，提升沿线参与国家的创新能力。截至2019年4月，仅中国科学院一家单位，科技支撑"一带一路"建设累计投入经费就超过18亿元，与沿线国家的科技交流合作规模超过12万人次，还为沿线国家和地区培养近5000名高层次科技人才。[1]

与此同时，中国的科研机构还主动"走出去"帮助其他国家的教育建设。如，中国科学院就率先在拉美、亚洲和非洲等地区创建了10个海外联合研究机构和科教合作平台，包括南美天文研究中心（智利）、南美空间天气实验室（巴西）、中—非联合研究中心（肯尼亚）、中亚药物研究中心（乌兹别克斯坦）、中亚生态与环境研究中心（哈萨克斯坦、塔吉克斯坦、吉尔吉斯斯坦）、加德满都科教中心（尼泊尔）、中—

---

[1]《"一带一路"共赢路上的科技担当》，《中国科学报》，2019年4月22日。

斯联合科教中心（斯里兰卡）、东南亚生物多样性研究中心（缅甸）、曼谷创新合作中心（泰国）、中—巴地球科学研究中心（巴基斯坦）。[①]诸如此类的科研中心，已经成为中国与以发展中国家为主的"一带一路"倡议成员国开展科技合作的重要平台，吸引或促成了一批重大科研项目，提高了当地的科技创新能力。

（四）健康丝绸之路

早在中华人民共和国成立之初，中国就积极参与国际卫生援助行动。20世纪60年代，尽管中国自身还缺乏强大的卫生专业人员和基础设施，中国就已向非洲派遣了医疗队。1971年恢复联合国合法席位以后，中国加入了几乎所有的多边组织，其对发展中国家公共卫生的贡献与日俱增。近些年来，中国已成为世卫组织制定的全球卫生目标的核心参与者，活跃在全球公共卫生治理第一线，并成为发展中国家公共卫生资源，以及相关知识和技术方面重要的援助来源。

[①]《中科院已建设10个海外科教合作中心》，2019年4月16日，中华人民共和国中央人民政府网站，http://www.gov.cn/xinwen/2019-04/16/content_5383493.htm

2016年，中国正式提出"健康丝绸之路"倡议，为完善全球公共卫生治理体系贡献中国力量。新冠肺炎疫情的全球暴发，凸显了人类是同一个命运共同体的事实，也促使人们更为关注如何加强国家间信息、知识、技术、卫生和医疗物资，以及不同卫生领域的专业人员的交流和合作。在这一背景下，中国倡导的"健康丝绸之路"发挥了更为重要的作用。2020年5月，习近平主席在第73届世界卫生大会视频会议开幕式上致辞，宣布愿同国际社会一道，共同抗击新冠肺炎疫情，并将提供国际援助。中国政府与其他国家携手抗疫的立场和决心令人敬佩。新冠肺炎疫情暴发以来，中国向其他国家提供的新冠肺炎防疫物资援助和疫苗援助有目共睹。有100多个国家收到了来自中国政府、企业和民间机构提供的各种援助，这些援助已经成为欠发达地区应对新冠肺炎疫情危机的重要战略资源。从中国到亚洲其他国家，再到欧洲、非洲和距离中国最遥远的拉丁美洲，各种运输工具装载着医疗设备和抗疫物资，以及卫生领域的专家和医护人员，在由"一带一路"构筑的网络中，穿行于世界不同地区。

疫情时代，国际社会不得不重新审视健康卫生议题。因此，卫生健康势必成为"一带一路"框架中凝聚各国共识和合作努力的一个重要领域，"一带一路"也势必成为未来面对突发公共卫生事件时全球救援网络中的重要平台和桥梁。

第三节 互利共赢的中国愿景

"一带一路"倡议是建立在中国与沿线国家互利共赢的基础上的。各方都有从自身利益出发的诉求。了解双方参与共建"一带一路"的动机和期望是增进了解、消除分歧和避免不必要的矛盾的关键。

一、中国的期望

（一）建立互信

中国在提出"一带一路"倡议时就意识到，该倡议的可持续性发展取决于"一带一路"是否被视为一个具有包容性的互利互赢的计划。因此，在卫生、教育、科学和技术等关键发展领域加强交流与合作就构成了"一带一路"的重要组成部分。密切的人员和文化交流有助于增强国与国之间的相互了解，减少误解和冲突。同时，考虑到一个和平的外部环境对中国自身发展的重要性，建立互信也是中国对"一带一路"的期望之一。

(二)提升中国国际形象

与建立互信和增强合作一致的另一个愿景是中国对其国际形象的关注。随着中国的崛起和"走出去"战略的推进，中国越来越关注自己的国际形象。这不仅是中国对成为一个"负责任的世界大国"的承诺，也是对来自某些西方国家批评的回应。后者往往将中国在非洲和拉丁美洲不断上升的影响力歪曲为"新殖民主义"的表现，而"一带一路"将成为一个讲述真实的中国故事的平台，通过具体项目对参与国社会发展的积极影响，扭转此前那些先入为主的偏见，展现一个真实的中国形象。

(三)增强金融影响力

尽管美元的国际货币地位没有发生动摇，至今仍是西方世界和其他地区主要的交易和储值货币，但随着人民币的国际化，中国人民银行的金融影响力正在上升。随着人民币越来越成为一种国际交换货币，它将反过来对中国和其他国家之间的贸易产生更大的刺激作用。就此意义而言，"一带一路"倡议不仅将促进贸易，还将提升人民币的国际地位。此外，中国的电子商务发展已处于世界领先地位。在可预见的未来，当电子商务成为国际贸易的主要表现形式时，国家间的贸易手段也将采用电子商务领先国家的技术标准，如基于区块链技术的数字货币等，这势必将进一步增强中国在国际上的金融影响力。

（四）确保能源安全

中国的石油、天然气和矿产等资源高度依赖进口，由"一带一路"倡议构建的陆路和海路基建网络将保证能源物资的运输畅通，并促进进口来源的多样化。考虑到中国能源结构仍高度依赖煤炭，为确保石化能源的安全，一方面可加强能源使用和生产的可持续性，另一方面也可改善环境的可持续性。

（五）改善地区经济发展不平衡

对中国而言，与能源安全相对的另一个期望，是通过开发西部地区从而改善地区经济发展不平衡的现状，增强中国的内部稳定和国家安全。长期以来，中国西部地区不仅是少数民族聚居区，其工业基础也相对薄弱，发展水平落后于沿海地区。在此背景下，推进"一带一路"将提升西部地区的战略地位。随着政策和资源向西部倾斜，东西部地区的差异将逐渐缩小，也有利于社会稳定。同时，考虑到目前大部分贸易通过海路进行，经由西部地区发散的陆路交通网络将在一定程度上平衡海上贸易的权重，更好地应对海路贸易的不确定性。

（六）促进经济自由化和贸易开放度

中国的经济崛起与其外贸的发展密不可分。因此，中国是自由开放的世界贸易体系的坚定维护者。"一带一路"倡议的初衷也是构筑更为广泛、便捷、安全、有效的贸易通路。然而，中国的这一愿景需要考虑到各地区的不同特点，并与参与国的期望相适应。比如，在拉丁美洲和加勒比地区，就有很多人担忧本土企业会受到中拉之间贸易自由化的冲击，导致就业机会的丧失和过早的去工业化。因此，中国在倡导贸易自由和多边合作的同时，还应重视对参与国加入"一带一路"倡议的动机和期望的了解，以确保该倡议能实现真正的互利共赢。

二、参与国的动机与期望

自"一带一路"倡议提出以来，关于它的性质和前景的讨论至今不断。大部分决定加入该倡议的国家普遍具有以下动机和期望。

(一)弥补基建缺口,加快数字联通的步伐

基础设施是经济增长和发展的前提条件。但是,包括拉美和加勒比国家在内的大部分发展中国家都存在巨大的基建缺口。加入"一带一路"倡议对于这些国家而言意味着可以借助中国的资金和技术,迅速弥补基建缺口,提高经济增长率。基础设施对于参与国的意义并非只局限于经济层面。比如,基础设施的缺乏会造成教育资源和卫生资源分配的不平等,并给人员流动带来困难。当前新冠肺炎疫情蔓延带来的一系列社会危机就是鲜活的例证。以拉美地区为例,在传统教育设施暂时关闭的情况下,基于互联网的远程教育显得至关重要。但是由于通信基础设施的不发达,许多处于偏远地区的学龄儿童和年轻人无法享受和城市中产阶级一样的网络教育服务。

在当今时代,传统的收入差距将更多以"数字鸿沟"的方式显现出来。可以说,数字鸿沟加剧了城乡差别和社会不平等。"一带一路"倡议将数字社会的建设视为公共部门的责任,通过新技术的普及和与数字经济有关的基础设施的建设,将极大改善民众获取信息的平等性。同时,数字联通程度的加深也会直接促进电子商务和远程办公等新的商业形式的发展。

（二）改善教育系统

"一带一路"框架下的基础设施还包括社会基础设施，特别是促进教育系统的发展。对于大部分参与国而言，教育的不足已经严重影响劳动人口的竞争力和收入分配。缺少受教育的机会直接限制了个人能力的发展，并造成劳动者工作机会的缺失。而工作选择面的狭窄又影响收入水平，并最终决定教育水平的上限。由此，形成一个恶性循环。若要取得更具有包容性的社会发展就必须改善教育系统，特别是高等教育系统。为此，加入"一带一路"倡议也意味着参与国期望在教学领域展开合作，积极推进科研机构和生产部门与公共部门的跨国互动。

（三）实现市场多样化

"一带一路"倡议的实施将为参与其中的国家提供更为多样的外部市场。在这种新的可能性面前，各国企业家将不得不设计中长期规划战略，更多地考虑未来增长的可能，而不是一味追逐短期利益和当下的经营问题。在"一带一路"倡议提供的财务杠杆和市场规模下，甚至中小微企业也能走错位增长的道路，即在把握眼前机遇、利用国内市场的前提下，采取多管齐下的战略，以更长远的眼光获取必要的专业知识，并为更多的人群提供产品和设计，从而走向国际化。总而言之，"一带一路"将有利于区域间的经济整合，提高区域内国家的整体福利，激励企业家提高生产效率和经济效益。

（四）提高技术创新能力

从长远来看，国家发展的可持续性取决于国家的创新能力。国与国之间、企业与企业之间的技术合作将降低创新成本，加快创新步伐。因此，促进企业间的技术转让和合作是内嵌于"一带一路"创新机制的一个关键因素。技术创新也不是个别大企业的专利，在数字化、去中心化成为趋势的今天，大量中小型企业将成为技术创新的主力。通过"一带一路"提供的贷款和其他激励措施，专业化的、拥有高新技术的小公司和初创公司将获得新的激励，并创造更具附加值的就业机会。

第三章
"一带一路"的落实

"一带一路"倡议秉承中国在其国际关系中一贯坚持的原则和目标，力图通过与各方的广泛对话建立有利于所有参与国国家经济和社会发展的合作机制。"一带一路"倡议自提出以来在国际上产生了不同程度的反响，越来越多的国家对该倡议表现出积极的态度。同时，包括联合国、亚太经合组织和二十国集团在内的国际机构和合作平台，也在其发布的报告中多次提及"一带一路"倡议，彰显出该倡议在全球范围内获得的关注。

"一带一路"倡议涵盖面甚广，参与国家众多，在具体落实时很难以现有标准进行判断。为此，本章将通过梳理已完成或正在进行的相关项目、介绍"一带一路"的治理结构及倡议推进时面临的挑战，以评述"一带一路"倡议落实的成果和影响。

第一节 "一带一路"相关项目的建设

一、陆上丝绸之路

作为"一带一路"支柱之一的陆上经济走廊，从一开始就被设定为对现有经贸关系的扩大和深化，并在新的基础设施建设中寻找贸易和投资机会。由于欧亚地区复杂的政治制度、文化传统和组织形式，以及在不同情况下面临的问题、需求和解决方案的多样性，陆上丝绸之路在具体实施时采取因地制宜的战略，允许项目进行独立规划和建设。

正在推进的六大经济走廊分别是：中国—巴基斯坦经济走廊、新亚欧大陆桥经济走廊、中蒙俄经济走廊、中国—中南半岛经济走廊、中国—中亚—西亚经济走廊和孟中印缅经济走廊。目前来看，不同项目的进展速度和效果不尽相同，但它们拥有一个共同点，就是都在促进跨国贸易的发展和多样化方面作出了积极贡献。

（一）中国—巴基斯坦经济走廊

中国—巴基斯坦经济走廊简称为中巴经济走廊，被称为"一带一路"六大经济走廊的先行项目，也是共建"一带一路"的"旗舰"项目。在中国和巴基斯坦之间建设一条经济走廊的想法最初由李克强总理在2013年访问巴基斯坦时提出，此后不断发展成熟。中巴经济走廊始于中国新疆维吾尔自治区的喀什，止于巴基斯坦瓜达尔港，全长近3000公里，北连陆路丝绸之路，南接海上丝绸之路。这条走廊由一系列涵盖铁路、公路、油气管道和光缆等基础设施和能源合作的工程构成。受益于中巴经济走廊，瓜达尔港港口、机场、高速公路和防波堤等基础建设得到了极大的改善。这条经济走廊不仅为中国西部内陆地区打开了一条新的贸易线路，还促进了中国与巴基斯坦多个地区的经贸联系，改善了巴基斯坦国内经济发展不平衡的状况。中巴经济走廊是六条经济走廊中率先落实建设的，截至2021年，"8年来，中巴经济走廊累计为巴基斯坦带来254亿美元直接投资，创造了大量的就业岗位"。①

(二)新亚欧大陆桥经济走廊

新亚欧大陆桥经济走廊以建设中欧班列等国际物流体系为依托,重点发展经贸和产能合作。它始于中国东部沿海,一路向西延伸,贯穿中国多个省份后,穿越亚欧多国,最终抵达中东欧,辐射30多个国家和地区。新亚欧大陆桥经济走廊的核心是国际铁路系统的对接。当前,数条中欧班列线路已经投入使用,如从重庆始发至德国杜伊斯堡的"渝新欧"班列,从成都始发至波兰罗兹的"蓉欧快铁",以及从义乌始发至西班牙马德里的"义新欧"班列等。

新亚欧大陆桥经济走廊连接了环太平洋经济圈和欧洲经济圈,大大节约了运输成本和时间成本。当然,由于沿线途经国家较多,通关成本也随之增加。为解决这一问题,中国积极与沿线国家开展通关协调合作,并就丝绸之路经济带和欧亚经济联盟对接达成多项协议,极大推动了新亚欧大陆桥经济走廊建设。以2014年11月开通的"义新欧"中欧班列为例,截

---

①林一鸣:《中巴经济走廊:"一带一路"国际合作的标杆》,2021年11月22日,中国网,http://www.china.com.cn/opinion2020/2021-11/22/content_77885143.shtml

至2020年10月,该班列已累计开行2152列,运营线达到15条,联通了亚欧大陆49个国家和地区,运输货物涵盖了五金器具、纺织用品、汽车配件、生活用品、工程设备等领域。"义新欧"中欧班列在新冠肺炎疫情下保持常态化运营,仅2020年1月至10月,共开行1000列,发运8.3万个标箱,同比增长203%,发运量约占中国全国总量10%。[1]中欧班列的运营情况可见一斑。

(三)中蒙俄经济走廊

中蒙俄经济走廊,如其名字所示,主要由中国、蒙古国和俄罗斯三国参与。该项目的设想始于2014年9月,习近平主席在出席中俄蒙三国元首会晤时,提议把中方的丝绸之路经济带同俄罗斯跨欧亚大铁路及蒙古国的"草原之路"倡议进行对接,合力打造中蒙俄经济走廊。中俄蒙三国是关系友好的邻国,是传统战略伙伴。随着这条经济走廊的顺利推进,三国之间的交流将更加紧密。当前,受新冠肺炎疫情影响,有些项目推进缓慢,但并不会影响中蒙俄经济走廊这

---

[1]《义乌发出今年第1000列"义新欧"中欧班列》,2020年10月22日,中国一带一路网,https://www.yidaiyilu.gov.cn/zoblydyldgttd/blxw/xxo/158672.htm

个重要载体和平台。

（四）中国—中南半岛经济走廊

中国—中南半岛经济走廊以中国广西南宁和云南昆明为起点，途经位于中南半岛的越南、老挝、柬埔寨、泰国、缅甸、马来西亚等国，最终抵达新加坡。中国—中南半岛经济走廊被誉为中国连接中南半岛的大陆桥，旨在加强中国与东盟成员国的合作和联系，为今后发展为一体化区域经济体打下基础。该项目同样致力于建设覆盖面更广、效率更高的跨国铁路网络，包括泛亚铁路、雅万高铁、中缅铁路等。中国已经连续多年成为东盟国家的第一大投资来源国，在"一带一路"框架下，中国对该地区的投资进一步加大。当前，中国和老挝的合作已取得令人瞩目的成绩。作为泛亚铁路重要组成部分的中老铁路进展顺利，已于2021年12月开通运营。这条铁路修建难度极大，包括300多座桥梁和100多个隧道。开通后，从中国昆明到老挝万象最快10小时左右即可到达。中老铁路不仅是中国高质量建设能力的又一次精彩展示，对老挝而言更具有重要意义。随着中老铁路的开通，老挝跨入了动车时代，将有力推动老挝旅游、物流、农产品加工业等产业发展。

(五)中国—中亚—西亚经济走廊

中国—中亚—西亚经济走廊以中国新疆维吾尔自治区为起点,经由哈萨克斯坦、吉尔吉斯斯坦、塔吉克斯坦、乌兹别克斯坦、土库曼斯坦等国直至伊朗、沙特阿拉伯和土耳其等国。与中蒙俄经济走廊相似,这个项目同样部分得益于国家间的政策对接,例如与哈萨克斯坦"光明之路"计划、塔吉克斯坦"能源交通粮食"三大兴国战略、土库曼斯坦"强盛幸福时代"规划等发展战略之间的全面对接。从沿线国家的资源禀赋来看,中国—中亚—西亚经济走廊是一条能源通道,是中国—中亚石油管道和天然气管道的必经之地,是贴近民生、造福百姓最直接的一条经济走廊。同时,正在建设或计划建设的铁路网和公路网、天然气管道、通讯网络、火电厂等项目,都将促进中亚和西亚多个国家的经济和商业发展,进一步巩固中国和参与国之间的合作关系。

(六)孟中印缅经济走廊

2013年5月,李克强总理访问印度期间,在一份共同声明中表示双方同意加强地区互联互通,倡议建设孟中印缅经济走廊。由此,这一次区域经济合作动议成为"一带一路"倡议大框架中的一部分。孟中印缅经济走廊旨在促进中国、孟加拉国、印度和缅甸四国的经贸交流，充分发挥四国的比较优势和互补性，通力合作打造区域经济一体化。不过，由于四国涉及区域的边疆问题和贫困问题突出，社会结构复杂，经济发展相对滞后，相较于"一带一路"六大经济走廊的其他项目，孟中印缅经济走廊的项目落实较为缓慢。

二、21世纪海上丝绸之路

与陆上丝绸之路相对应的是21世纪海上丝绸之路，即通过大量港口系统与陆上经济走廊相衔接，在全球范围内提供持续增长的动力和更为密切的经济联系。对于所有参与21世纪海上丝绸之路建设的国家而言，港口建设项目的展开意味着港口国际竞争力的提升、新的贸易线路和进出口来源多样化、改善物流以便更深入地嵌入全球供应链，以及推动国际旅游产业的发展。正如中国政府在2017年发表的一份题为《"一带一路"建设海上合作设想》的文件中指出的那样，21世纪海上丝绸之路的合作思路是：

以海洋为纽带增进共同福祉、发展共同

利益，以共享蓝色空间、发展蓝色经济为主线，加强与21世纪海上丝绸之路沿线国战略对接，全方位推动各领域务实合作，共同建设通畅安全高效的海上大通道，共同推动建立海上合作平台，共同发展蓝色伙伴关系，沿着绿色发展、依海繁荣、安全保障、智慧创新、合作治理的人海和谐发展之路相向而行，造福沿线各国人民。

根据21世纪海上丝绸之路的重点方向，"一带一路"建设海上合作以中国沿海经济带为支撑，密切与沿线国的合作，连接中国—中南半岛经济走廊，经南海向西进入印度洋，衔接中巴、孟中印缅经济走廊，共同建设中国—印度洋—非洲—地中海蓝色经济通道；经南海向南进入太平洋，共建中国—大洋洲—南太平洋蓝色经济通道；积极推动共建经北冰洋连接欧洲的蓝色经济通道。[1]

中国提出的这一全球倡议并非只是一种愿望的表

---

[1]《"一带一路"建设海上合作设想》，2017年6月20日，人民网，http://cpc.people.com.cn/n1/2017/0620/c64387-29351311.html

达。事实上，中国也有能力通过建立和扩大沿海基础设施来促进贸易。在当前阶段，海上通路依旧统治着国际贸易，因此，港口物流效率是国家间贸易的关键，甚至是国家竞争力的核心之一。就此意义而言，中国已经培育出一些在全球范围内都居领先地位的物流公司。它们不仅有资金也有技术在其他国家扩建甚至建设新的港口。其中，值得一提的是中国最大的航运企业中国远洋海运集团（COSCO）。截至2022年5月，中国远洋海运集团经营船队规模达1408艘，综合运力为11346万载重吨，排名世界第一。其中，集装箱船队规模居世界前列。该集团拥有完善的全球化服务，集聚航运、码头、物流、航运金融、修造船等上下游产业链，形成了较为完整的产业结构体系。集团在全球投资码头57个，集装箱码头50个，集装箱码头年吞吐能力居世界第一。[1]

自21世纪海上丝绸之路提出以来，位于中国东南沿海地区的各港口成为重中之重。当然，中国有数十个港口参与了世界集装箱的海上运输，分布在其广阔海岸线上的整个国家港口系统，构成了内陆各地区

---

[1] 参见中国远洋海运集团官方网站：http://www.coscoshipping.com/col/col6858/index.html

和邻国产品过境的基本纽带。中国的港口辐射所及，形成了一个遍布亚洲和非洲的海运网络。其中包括河内、吉隆坡、雅加达、加尔各答、科伦坡、内罗毕和东非的其他港口，还延伸至吉布提、肯尼亚、马达加斯加、莫桑比克和坦桑尼亚，到达具有战略意义的亚丁湾，直至到达红海。

除了发展中国家受益于中国领先全球的港口建设外，传统的地中海航线也因中国的技术和投资而焕然一新。摩洛哥的丹吉尔、埃及的赛德港和亚历山大港、以色列的阿什杜德和海法港、土耳其的阿姆巴利港和西班牙的瓦伦西亚港，都有中国的投资和技术。总体而言，中国参与建设的港口受到了普遍的赞赏。中国问题研究专家娅格达·帕拉·佩雷斯（Águeda Parra Pérez）指出，"中国远洋海运集团的投资使希腊比雷埃夫斯港在新的时代具有了新的身份。遥想公元前493年，地米斯托克利将比雷埃夫斯变成了古城雅典的港口。现如今，这个港口一跃成为海上丝绸之路延伸至欧洲的宏伟计划的关键角色，从而恢复了昔日的辉煌"。①

值得指出的是,中国政府强调拉丁美洲和加勒比地区也是 21 世纪海上丝绸之路的自然延伸。因此,这条海上丝路也"自然地延伸"至美洲的太平洋海岸,甚至包括大西洋一侧的港口。在 16 世纪跨太平洋贸易时期,墨西哥阿卡普尔科港和菲律宾马尼拉的港口沟通了美洲和亚洲的贸易,还将商品转运至欧洲和非洲,形成了在中拉贸易史上占据重要地位的太平洋丝绸之路。如今,以中国为枢纽的港口业务正在巴拿马、秘鲁、厄瓜多尔、巴西、墨西哥、古巴和委内瑞拉等拉美国家不断增长。在此背景下,21 世纪海上丝绸之路同样为中国与拉丁美洲和加勒比地区的合作开辟了广阔的空间。

第二节 "一带一路"的治理结构

"一带一路"倡议的落实离不开合理的治理结构

---

① Águeda Parra Pérez, "La Ruta de la Seda Marítima se hace grande en el Mediterráneo", en *AFKAR/IDEAS*, 2019, https://www.iemed.org/publication/la-ruta-de-la-seda-maritima-se-hace-grande-en-el-mediter-raneo/

来应对实施时面临的实际挑战。事实上，"一带一路"倡议秉承的"共商、共建、共享"基本原则从本质上就意味着其治理机制的完善将是一个逐渐摸索和多方认同的过程。正如中国自身发展遵循的"干中学"精神，对于"一带一路"治理特点的理解需要通过研究具体项目的运作来把握。作为一项国际发展倡议，"一带一路"依托现有多边合作机制，并以此为基础逐渐发展出更具有针对性的对话平台和其他政策协调机构，同时改善和扩展了融资渠道来实现项目落地。

一、协调机构

中国已与140多个国家、32个国际组织签署200多份共建"一带一路"合作文件。此外，还有许多不同性质、不同领域的项目正在规划和实施中，这些都需要大量机构参与其中，进行横向和纵向的政策协调。

参与"一带一路"的协调机构大致可分为两大类。一类是作为首倡国的中国的政府部门，如中国国家发展和改革委员会、商务部、外交部、文化和旅游部、国家国际发展合作署等机构；另一类是政府间多边发展合作机制和多边合作论坛，如上海合作组织

（Shanghai Cooperation Organization）、亚洲合作对话（Asia Cooperation Dialogue）、亚欧会议（Asia-Europe Meeting）、亚太经济合作组织（Asia-Pacific Economic Cooperation）、东南亚国家联盟（Association of Southeast Asian Nations）、中亚区域经济合作（Central Asia Regional Economic Cooperation）、中国—阿拉伯国家合作论坛（China-Arab States Cooperation Forum）、中非合作论坛（Forum on China-Africa Cooperation）、中国—拉共体论坛（China-CELAC Forum）、中国—中东欧国家合作（Cooperation between China and Central and Eastern European Countries）、大湄公河次区域经济合作（Great Mekong Subregion Cooperation）和博鳌亚洲论坛（Boao Forum For Asia）等。

除此之外，还有一系列政府和民间机构组织的对话平台发挥着重要作用。如"一带一路"国际合作高峰论坛（Belt and Road Forum for International Cooperation）、中国—阿拉伯国家博览会（China Arab States Expo）、中国—东盟博览会（China-ASEAN Expo）、中国—亚欧博览会（China-EURASIA Expo）、丝绸之路（敦煌）国际文化博览会（Silk Road Dunhuang International Cultural Expo）和丝绸之路国际总商会

(Silk Road Chamber of International Commerce)等。

2017年举办的第一届"一带一路"国际合作高峰论坛具有特别的指向意义,为未来国家和地区间合作绘制了路线图。这届论坛成果丰硕,"清单主要涵盖政策沟通、设施联通、贸易畅通、资金融通、民心相通5大类,共76大项、270多项具体成果"。[①]2019年举办的第二届"一带一路"国际合作高峰论坛进一步展示了中国倡议取得的成功,在各分论坛和专题会议中,多边主义和平等合作的精神贯穿其中。作为这届论坛的成果,"清单包括中方打出的举措或发起的合作倡议、在高峰论坛期间或前夕签署的多双边合作文件、在高峰论坛框架下建立的多边合作平台、投资类项目及项目清单、融资类项目、中外地方政府和企业开展的合作项目,共6大类283项"。[②]

中国—拉共体论坛于2015年1月正式启动。与中国和其他地区间合作论坛不同,中拉论坛的启动与"一带一路"倡议的提出和发展可谓相伴相行。换言之,中拉论坛自诞生之日起就与"一带一路"倡议密

[①]《"一带一路"国际合作高峰论坛成果清单》,《人民日报》,2017年5月16日。

[②]《第二届"一带一路"国际合作高峰论坛成果清单》,《人民日报》,2019年4月28日。

切相关。目前，拉丁美洲与加勒比地区所有33个国家都参与了这一国际交流合作的新平台，并呈现出双边和多边合作并行不悖、相互支持的新局面。基于平等互利、共同发展的理念，中国—拉共体全面合作伙伴关系的发展，为实现发展中国家的共同进步而合作，承担起了新时代的责任和挑战。进入21世纪以来，中国与拉美和加勒比地区的关系快速发展，双方在各领域的互利合作和人文交流不断深化。双方均视对方为重要的合作伙伴和促进自身发展的关键因素。双方就通过合作在更高水平上实现新的发展达成了共识。在"一带一路"框架下，中拉论坛更多地考虑到中拉的互补性以及拉美国家的现实需要，以最适当的方式促进包括铁路、公路、港口、能源、数字网络在内的基础设施的快速发展，为每个参与国创造社会经济持续发展的物质条件，推动论坛成员内部及相互之间的一体化进程。

值得强调的是，随着"一带一路"倡议的推进，中国也有越来越多的智库组织和科研机构为"一带一路"提供政策分析和建议。这其中就包括在中国最具影响力的智库中国社会科学院、中国现代国际关系研究院和上海社会科学院等。具体到拉美，上述智库以及中国的诸多高校经常组织活动，积极与拉美国家的智库机构和高校一起，展开对话和学术交流，共同探讨"一带一路"的发展前景。比如，2017年，由中国社会科学院拉丁美洲研究所牵头组织的第一届"中拉文明对话"研讨会在江苏省常州大学举行，吸引了来自中国和拉美的百余位政府官员、专家学者、企业家以及文化传播机构的代表参加，加强了双方的了解和交融。2018年是"一带一路"倡议提出5周年，在由中国社会科学院拉丁美洲研究所、江苏省人民政府外事办公室、中国外文局朝华出版社、墨西哥维拉克鲁斯大学等机构共同承办的第二届"中拉文明对话"研讨会上，突出了"一带一路：中拉文明对话之路"的主题，还发布了由中国拉美研究专家郭存海教授和布宜诺斯艾利斯大学中国研究专家卡罗丽娜·梅拉教授共同主编的《"一带一路"和拉丁美洲：新机遇与新挑战》一书。与会专家一致认为，"一带一路"倡议既为中拉经济合作提供了新平台，更为中拉民心相通和文明对话提供了新路径，应该合力推动"一带一路"成为中拉文明对话之路。经过几年的努力，该研讨会于2021年正式升级为"中拉文明对话论坛"。2018年12月，由上海社会科学院、中国社会科学院拉丁美洲研究所、阿根廷国际关系理事会（Consejo Argentino para las Relaciones Internacionales）和阿根廷拉普拉塔国立大学（Universidad Nacional de La Plata）等机构联合主办的"世界中国学论坛首届拉丁美洲分论坛"在布宜诺斯艾利斯举行。论坛聚焦"一带一路"倡议与中拉合作展开了积极的交流与讨论。与会学者认为，中拉之间有很好的互补性，"一带一路"倡议开启了中拉合作与对话的新阶段。与中方智库积极作为相呼应的是拉美学术机构对中拉关系的兴趣显著增加。比如，隶属于墨西哥国立自治大学经济系的中国—墨西哥研究中心于2012年首次召开"中国、拉美和加勒比地区：21世纪的机遇和挑战"国际研讨会，主题涵盖经贸和投资、政治关系、自然资源和环境、历史、文化和语言学习等领域。作为研讨会主要成果之一，"拉丁美洲和加勒比地区中国学术网"（Red ALC-China）已成为拉丁美洲和加勒比地区最重要的研究中拉关系的学术网络。另外，中拉学术机构也与企业家团体展开对话，就更为现实的问题进行探讨与合作。比如，2018年在北京语言大学举行的加强中国与拉丁美洲和加勒比地区关系的商务会议，在墨西哥由墨西哥商会（Cámara de Comercio de México en China)、维拉克鲁斯大学中国研究中心（Centro de Estudios China-Veracruz）和墨西哥国家工业转型商会（Cámara Nacional de la Industria de Transformación）联合举办的论坛等。这些会议和论坛将企业家、外交官、政府官员和学者聚集在一起，有效推动了学术研究和实务操作的互学互鉴。

二、融资渠道

众所周知，中国已经从一个外国投资的净接受国转变成了一个活跃在世界各地区的主要投资国和贷款国。中国的对外投资，一方面是透过现有多边金融组织进行的。如二战后掌握国际金融命脉的国际货币基金组织、世界银行和美洲开发银行等都开始整合中国的金融资源，并接纳中国为其成员国。另一方面，中国的对外投资是通过其微观企业组织在海外的投资行为展开的。特别是2008—2009年全球经济危机后，得益于中国更为有效的宏观经济政策和稳健的经济增长，中国的本土企业加速了国际化的进程。

与在西方发达国家的投资行为相比，中资企业在包括拉丁美洲和加勒比地区的发展中国家的投资更多地表现出企业国际化扩张的一般性特点，且多与"一带一路"相关,尤其是大型基建工程往往需要特别的融资安排。在这方面,"一带一路"已经搭建了由多种金融组织构成的融资渠道,部分为"一带一路"框架下新设立的金融组织,另一部分为与现有银行系统的对接。总而言之,中国除了有效利用已有的政策性金融机构外,还建立了诸多新平台为"一带一路"提供资金支持。

2014年11月,习近平主席出席"加强互联互通伙伴关系"东道主伙伴对话会,发表题为《联通引领发展,伙伴聚焦合作》的重要讲话,宣布"中国将出资400亿美元成立丝路基金,为'一带一路'沿线国家基础设施、资源开发、产业合作和金融合作等与互联互通有关的项目提供投融资支持。丝路基金是开放的,可以根据地区、行业或者项目类型设立子基金,欢迎亚洲域内外的投资者积极参与"。[1]同年12月,外汇储备、中国投资有限责任公司、国家开发银行、中国进出口银行共同出资600多亿元,在北京注册成立丝路基金有限责任公司,即丝路基金。丝路基金主要围绕"一带一路"建设,重点投资基础设施和互联

---

[1] 习近平:《联通引领发展,伙伴聚焦合作》,《人民日报》,2014年11月9日。

互通建设项目。

亚洲基础设施投资银行（Asian Infrastructure Investment Bank，以下简称亚投行），是由中国倡议设立的多边金融机构，于2015年12月底正式成立，总部设在北京。亚投行重点支持亚洲地区的基础设施建设、互联互通和经济一体化进程。作为多边开发性金融机构，亚投行确认了三个优先事项作为选择投资的核心推动力。一是支持可持续的基础设施，为应对气候挑战的基础设施提供资金。二是连通性，即支持能够帮助各国更有效地连接在一起的基础设施建设。三是调动私营部门的资本，采取措施增加私营部门投资者对亚洲基础设施投资的信心。截至2020年7月，亚投行已经从最初的57个创始成员国发展到102个遍布亚洲、欧洲、非洲、北美洲、南美洲和大洋洲的成员国，为成员国提供了近200亿美元的基础设施投资。①

金砖国家新开发银行（New Development Bank）由巴西、俄罗斯、印度、中国和南非五国发起成立，于2015年在上海正式开业，旨在促进金砖国家各经

---

① 习近平:《在亚洲基础设施投资银行第五届理事会年会视频会议开幕式上的致辞》，《人民日报》，2020年7月29日。

济体之间的投资，重点资助基础设施建设和可持续发展两大领域。当然，除了金砖国家，发展中国家也是新开发银行重点关注的对象。成立6年多以来，新开发银行累计批准成员国约300亿美元的80个项目，涵盖清洁能源、交通运输、城市发展、水资源与卫生、社会性基础设施和数字基础设施等领域。[1]

中国本土的银行，如中国银行、中国工商银行、中国农业银行、中国建设银行、交通银行等，也都积极参与"一带一路"倡议，向参与国家提供信贷和财政支持。在2017年召开的首届"一带一路"国际合作高峰论坛上，中国工商银行倡议成立"一带一路"银行间常态化合作机制，由中国人民银行指导，成员包括来自51个国家和地区的94家金融机构，旨在提升金融支持"一带一路"建设水平，助力"一带一路"资金融通。这种"一带一路"金融机构间的团结合作，对支持"一带一路"沿线国家与地区金融稳定作出了重要贡献。

总而言之，"一带一路"项目需要庞大的资金支持，不仅需要来自中国本土的融资渠道，更需要国际

---

[1]《新开发银行总部大楼今天在沪正式交付使用！》，2021年9月28日，第一财经，https://www.yicai.com/news/101186497.html

层面的融资，而且需要通过整合来自政府、市场和社会的各方资源，进行合理的资源配置。作为一个全球项目，"一带一路"倡议框架下的金融平台也需要与世界银行、国际货币基金组织、亚洲开发银行、欧洲复兴开发银行等国际机构保持沟通与资源优势互补。唯有如此，"一带一路"建设所需的金融支持和相关的政策才能获得更好的保障。

三、项目类型和管理

"一带一路"框架下的项目融资安排与管理有别于传统的商业投资或是低息贷款。传统的商业投资以纯商业角度衡量项目成败的概率、计算成本与收益，并以此确定利率或是构建风险资本，结果往往是利率过高或是融资不足。低息贷款虽然可以提供还款期限较长、条件更为优惠的贷款，但往往也要求贷款方放弃部分政策自主性，接受外部金融组织对其宏观经济政策方向的介入，甚至因为地缘政治的原因影响贷款合同的条件。"一带一路"倡议的出现不仅可以在特定情况下为参与国提供长期的优惠贷款，还保证了参与国对基础设施的所有权和项目的自主性。项目投资者的回报取决于项目后续运营的收入，或是与项目发起者前期商定的回报率。

"一带一路"的项目主要集中于运输基础设施、能源、采矿业、通讯业、工业园区、经济特区、旅游业、城市设计、教育、科学和技术、环境的可持续性以及文化交流。所有这些项目都与经济增长和发展有着密切的联系，然而，项目的后续管理仍面临着某些重要挑战。虽然，"一带一路"项目的融资安排具有相对较小的政治意图和商业投机性，但这也意味着项目的顺利推行更多地取决于项目所在国的管理水平，特别是政治的稳定和政策的连续性。在主要是由发展中国家组成的拉丁美洲和其他地区，各个政党和各届政府对宏观经济优先事项的看法、对基础设施重要性的理解和对世界政治的认知各不相同。这些国家和地区政府换届往往会造成政策连续性被打断，已签订的协议被迫修改，这对具有较长建设周期的大型工程而言是致命的。在现实中我们经常看到某些工程因上述原因被迫中止，给投资者造成巨大的损失。除去上述政治因素，拉美及其他发展中国家的还款能力或是承诺的项目回报率还受到国内市场规模的制约，以及货币和资本成本国际波动的影响。总之，随着项目的展开，"一带一路"工程的风险管控难度正日渐显露，某些具体的案例甚至只能通过取消债务的方式来解决。在这种背景下,如何系统化、科学化地进行项目评估和决策成为摆在"一带一路"倡议面前的重大挑战。目前,对于"一带一路"倡议中已完成、正在开发和已中止的项目的登记、整合和分析正在进行中。这将为未来"一带一路"项目管理和落实机制的建设提供重要的参考依据。

第三节 "一带一路"面临的挑战

上文描述的"一带一路"项目风险管理的挑战仅仅是该倡议落实和发展面临的众多挑战之一。从倡议到现实,"一带一路"至少还面临以下六大挑战。

一、中小微企业参与度低

在许多参与"一带一路"倡议的国家中,中小微企业是其经济的引擎,特别是在创造就业机会方面。然而,在大多数情况下,这类企业的外贸参与度很低,特别是在与中国的贸易来往中,中小微企业往往不占优势。这种情况可归咎于其先天劣势,如企业死亡率高、专业化程度不高、技术水平低,及融资能力有限等。鉴于中小微企业在现实生活中的意义,我们认为"一带一路"倡议应该将自身打造成帮助中小微企业成长的平台,通过加强教育合作和数字贸易网络相关基础设施的建设为中小微企业赋能。同时,在大规模的基建项目中,要有意识地与当地中小微企业建立联系。

二、缺乏区域合作机制

"一带一路"倡议的成功不仅需要中国方面的努力,也需要所有参与国凝聚共识,努力消除阻碍合作与交流的制度鸿沟。每个国家都有符合自己国情的劳动法规、环境法规、税收条例、银行系统、工会组织和行政管理结构等。这就需要在跨国、跨地区,特别是在地区一级的项目规划和实施过程中妥善解决争议。如果该区域有较为成熟有效的合作机制,那么"一带一路"的推行也会较为顺利。反之,则要格外注意区域机构建设,改善区域间的协调问题。

举例而言,由于过于关注自身的利益诉求和不同的政治路线和议程,拉丁美洲和加勒比地区至今仍缺乏有效运转的合作机制。从墨西哥北部到巴塔哥尼亚，在这个世界上最大的使用同一官方语言（即西班牙语）的地理区域①，商品转运的困难度基本与非洲大陆一样。比如，拉美国家之间的铁路连运就缺乏协调和合作。从阿根廷的布宜诺斯艾利斯到巴西的圣保罗，在这两个南美洲占有重要地位的城市之间至今没有直通的铁路运输。由于两国的铁道轨距不同，货物在穿越国境时必须转运，由此造成了运输时间的延长和运输费用的提高。同样，在智利、阿根廷、巴西和秘鲁之间，促进太平洋和大西洋两洋运输的项目自几十年前起就停滞不前，严重影响了南美洲大部分地区的贸易流动。

三、非关税壁垒

阻碍国家间贸易和经济交流的障碍除了交通运输的限制还包括各种非关税壁垒。这些非关税壁垒，虽然有其存在的合理性，但在实际运用中往往被伪装成法定关税制度之外的保护主义机制。繁琐的文件要求、冗长的检疫手续、不对称和不充分的信息交换，以及复杂的通关程序都影响了国际贸易的物流时间和费用。为此，"一带一路"倡议在实践中需要重视人

---

①巴西和部分加勒比地区国家除外。

员培训和技术交流，并鼓励参与国之间达成有针对性的协议，或是修改限制性法规。

四、文化障碍

"一带一路"参与国不同的历史进程，以及在此过程中形成的不同的文化思维也构成了落实该倡议的一大障碍。文化障碍会产生误解，影响所制订的计划。在实践中，这些会在来自不同文化的人之间产生差异的障碍复杂多样。特别突出的是语言障碍。"一带一路"倡议涉及上百个国家和众多国际组织，语言障碍以及与此有关的沟通问题是显而易见的。尽管越来越多的人将掌握多种语言视为基本技能，而且数字技术和人工智能的普及也正在帮助人们克服语言的障碍，但是，语言仍然是一个巨大的交流障碍。此外，人们对现实的感知方式与文化有关。当一个社会有一个无法被翻译的独特概念时，在另一个社会就会形成一个认知障碍。文化定义了某种行为和举止方式的合理性。在某些文化中被认为是理所当然的东西在其他文化中可能被认为是不可接受的，这导致了误解的形成。这些分歧源于个体与其他文化圈层的他人的互动，在某些情况下可能产生严重的误解，甚至是冲突。

五、地缘政治和国际安全

影响"一带一路"倡议的另一个重要因素是地缘政治和国际安全。"一带一路"提出的合作共赢的发展理念的核心是不基于国家实力和发展程度的平等对话。对于二战后决定国际秩序的西方发达资本主义国家而言，这是一个难以理解的逻辑。因此，这些国家，特别是美国，习惯性地将"一带一路"倡议理解为中国寻求新的世界霸权的伪装。中美两国之间对于世界发展和国际秩序的认知差异在某些地区，特别是美国曾经、已经或仍希望拥有更多影响力的地区，造成了紧张局势。拉丁美洲和加勒比地区的情况就是如此。中国在作为所谓美国的"后院"的拉美扩大了自己的影响力，引起了美国的不安。在中国加入世贸组织和美国因"9·11事件"而发生战略重心转移之后，中国在拉美地区的重要性迅速增加。在这一背景下，作为中国外交政策核心部分的"一带一路"倡议的提出被认为是对美国全球领导力地位的严峻挑战。

新冠肺炎疫情之下，中美之间的对抗变得更加尖锐，美国不断挑起事端，处处针对中国。将美国对中国的批评和敌意完全归结于像特朗普政府那样的某届政府的立场极具误导性。事实上，针对中国的立场是美国更为宽泛的统治阶级的共识。可以预见，随着"一带一路"倡议逐渐成为世界上发展中国家寻求发展之路的重要途径，美国对中国的遏制将进一步加剧。正因如此，在一些与美国结盟或交好的国家中，"一带一路"的某些项目被推迟或部分取消。若要降低因地缘政治因素而带来的不确定性，"一带一路"倡议就应该聚焦于其项目为所有利益相关方创造的好处，即强调互利共赢，秉持"共商、共建、共享"的原则。

六、舆论话语权

西方媒体会阻碍"一带一路"倡议相关成果和规划的宣传。就拉丁美洲和加勒比地区的当地媒体而言，常驻中国的通讯站和记者寥寥无几，这严重影响了该地区民众通过第一手资料了解该倡议的实质内涵和实际影响。迄今为止，拉美地区的媒体往往根据大型国际新闻机构提供的相关信息报道"一带一路"倡议，而这些新闻媒体往往受美国等西方主流国家控制，对"一带一路"倡议保持怀疑和警惕的态度，通常报道负面消息,有时甚至故意抹黑该倡议。鉴于此,"一带一路"倡议的推行需要鼓励参与国的国家媒体的交流和信息共享,最重要的是在现有国际新闻机构之外提供新的信息产生和传播渠道,更多地从具体项目实施者和社区参与者的角度来审视和评价"一带一路"倡议,更多地从相关利益方的立场出发为"一带一路"倡议提供有价值的建议,从而在国际上传播真实客观的"一带一路"倡议成果。

第四章
迈向百年华诞的中华人民共和国

新中国成立以来，创造了一系列经济奇迹和发展奇迹。2022年，中国实现脱贫攻坚伟业，在中华大地上全面建成了小康社会。作为当今世界经济的一大中心，中国不仅已经成为世界上领先的工业大国，而且在一些科学和技术领域也处于全球领先地位。无论从哪个维度来观察，中国都在恢复与其自身历史地位相匹配的国际地位。毋庸置疑，中华人民共和国已经将自19世纪中叶以来长达一个世纪的屈辱抛在了身后，但它并没有停止对"中华民族伟大复兴"的追寻。需要强调的是，中国提出的民族复兴并非仅仅基于中国人民的自身利益。事实上，习近平主席提出的"中国梦"，是涉及全人类共同福祉的中长期目标。因此，中华人民共和国成立100周年之际，那时的中国不会成为类似西方霸权主义的另一个强权国家，而会是一个具有全球视野的、跨越狭隘国家利益的"领头羊"。正是在这个意义上，本书论述的"一带一路"倡议，因其人类命运共同体的核心理念，而受到广大发展中国家的欢迎和拥护。

在本章，我们将展望未来20多年直至中华人民共和国迎来其百年华诞之际，中国政府将采取的发展战略及其对拉丁美洲和加勒比地区的影响。

第一节　第二个百年奋斗目标和第十四个五年规划

早在改革开放初期的1979年12月，邓小平在会见日本首相大平正芳时就提出中国现代化建设在20世纪的发展目标是建设"小康之家"。1987年，邓小平提出的"三步走"发展战略被写入中国共产党的十三大报告中。"三步走"是指：第一步，1981年到1990年实现国民生产总值比1980年翻一番，解决人民的温饱问题;第二步,1991年到20世纪末,使国民生产总值再增长一倍,人民生活达到小康水平;第三步,到21世纪中叶,人均国民生产总值达到中等发达国家水平,人民生活比较富裕,基本实现现代化。到了20世纪末的1997年,江泽民在中国共产党的十五大提出了面向21世纪的"新三步走"目标,即21世纪第一个10年实现国民生产总值比2000年翻一番,使人民的小康生活更加宽裕,形成比较完善的社会主义市场经济体制;再经过10年的努力,到中国共产党建党100年时,使国民经济更加发展,各项制度更加完善;到21世纪中叶建国100年时,基本实现现代化,建成富强民主文明的社会主义国家。

显而易见,"新三步走"发展目标是对"三步走"发展战略在21世纪的进一步拓展和具体化。值得注意的是,这是中国政府首次提出"两个一百年"奋斗目标。由于"新三步走"目标中的第一步已提前完成,剩下的两步可以概括为"两个一百年"奋斗目标。此后,中国领导层分别对"第一个百年目标"提出了更为具体和细化的目标。令人敬佩的是,中国政府制定的量化目标均提前完成。2021年7月1日,在庆祝中国共产党成立100周年大会上,习近平主席庄严宣告,"经过全党全国各族人民持续奋斗,我们实现了第一个百年奋斗目标,在中华大地上全面建成了小康社会,历史性地解决了绝对贫困问题,正在意气风发向着全面建成社会主义现代化强国的第二个百年奋斗目标迈进"。①

遥望中华人民共和国成立时的社会环境和经济状况,再到此后的逐步发展,特别是改革开放以来的飞速跨越,我们在大洋彼岸见证了中国速度和中国奇迹。仅用两组数据就可以让我们直观地看到中国的惊人变化。中国国内生产总值由 1952 年的 679.1 亿元跃升为 2020 年的 101.6 万亿元,中国的人均国内生产总值从 1952 年的几十美元增至 2020 年的超过 1 万美元。(见图 4-1 和图 4-2)

---

① 习近平:《在庆祝中国共产党成立 100 周年大会上的讲话》,人民出版社 2021 年版,第 2 页。

第四章 迈向百年华诞的中华人民共和国

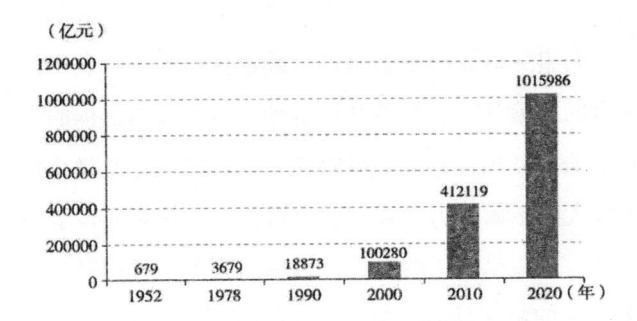

图 4-1 中国国内生产总值增长情况（1952—2020 年）

数据来源：《中国的全面小康》白皮书，2021 年 9 月 28 日，中华人民共和国中央人民政府网站，http://www.gov.cn/zhengce/2021-09/28/content_5639778.htm

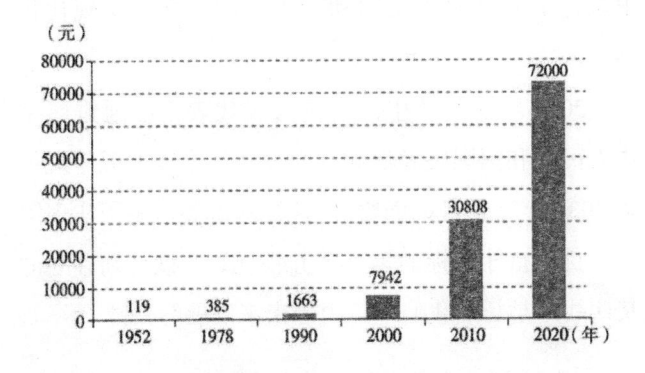

图 4-2 中国人均国内生产总值增长情况（1952—2020 年）

数据来源：《中国的全面小康》白皮书，2021 年 9 月 28 日，中华人民共和国中央人民政府网站，http://www.gov.cn/zhengce/2021-09/28/content_5639778.htm

两组数据彰显出中国社会政治体制的优势。中国政府的政策具有连贯性和稳定性，对中长期目标的研判准确，且执行有效。可以说，中国共产党通过几代领导人的不懈努力，以"愚公移山"的精神实现了一个又一个造福后代的中长远目标。为此，我们对中国在不远的将来实现"第二个百年奋斗目标"充满信心。根据中国共产党的十九大报告，中国将分"两步走"实现这一目标，即从2020年到2035年基本实现社会主义现代化，然后在此基础上再奋斗15年，把中国建成富强民主文明和谐美丽的社会主义现代化强国。

2021年3月，中国全国人民代表大会通过《中华人民共和国国民经济和社会发展第十四个五年规划和2035年远景目标纲要》。这是新形势下中国实现第二个百年奋斗目标的第一个五年规划。该计划确立的某些战略是帮助我们理解中国未来发展的关键。

一、经济"双循环"

在当前全球不确定性的背景下，中国的目标是通过结构性改革，减少对国外市场的依赖，转而支持国内市场，从而巩固其增长质量。

（一）内循环

"十四五"规划首先承认国际政治经济环境的不确定性，并强调立足中国国内市场的战略对于避免外部动荡造成的不确定性的重要性。于中国而言，以国内市场对抗外部风险曾在2008—2009年的那次全球金融危机期间取得实践上的成功。2009年可谓见证了一个独特的历史时刻：大多数发达国家在那一年都出现了负增长，而中国却通过非凡的反周期措施实现了8.7%的GDP增长，一跃成为全球经济增长第一大贡献国。

中国当时的反周期手段并非没有代价。由于过度宽松的货币和财政政策，中国的基建、住房、工业领域都出现了过度投资的迹象，加剧了产能过剩的问题。为此，中国政府在随后几年通过压缩信贷、缩减过剩产能、调配信贷至更有竞争力、更环保、更具附加值的领域来化解扩张性货币政策带来的影响。这一历史时期的经验，促使中国政府在此次"经济内循环"战略设计中强调更具有可持续性的消费市场发展，和更具有前瞻性的新基建投资。即便在当前新冠肺炎疫情肆虐的时期，相比其他国家，中国也避免采用大规模的财政刺激措施。

中国国内消费市场的发展是与其国民收入水平高度相关的。根据国际劳工组织发布的《2020—2021年全球工资报告》，通过对比2008年以来G20新兴国家实际工资指数变化，中国的表现尤为突出。中国的工资持续增长，在整个时期内增长了一倍多。尽管在G20新兴国家中，除墨西哥之外的其他成员国的平均实际工资在此期间都有所增长，但中国的工资涨幅无疑是最为显著的。[1]

与此同时，中国国内消费的增长还取决于收入分配的改善，即提高低收入和中低收入人口的购买力。根据目前由乡村振兴组成的城市化战略，这批新兴消费者不会集中在特大城市，而是分散在小规模的城镇和乡村。为了形成城市网络，完善城乡协调，需要一个高效的交通系统来连接大、中、小城市。这也意味着，在中短期内中国仍将强化交通基础设施的建设，包括"十四五"规划中列出的新增城际铁路和市域（郊）铁路运营里程3000公里，新改建高速公路里程

---

[1] International Labour Organization, *Global Wage Report 2020‑21: Wages and minimum wages in the time of COVID-19*, Geneva: ILO, 2020, pp.33–34.

2.5万公里，新增民用运输机场30个以上以及推进120个左右国家物流枢纽建设等。

支撑国内市场还要求从供给侧进行改革，即通过新的基础设施、提供符合个性化要求的智能产品和服务来创造和改变消费。新的基础设施，如5G基站、超大规模数据中心、工业互联网平台，到2025年将吸引超过10万亿元人民币的总投资。鉴于中国计划在2025年将数字经济核心产业增加值占GDP总量的比重提升至10%，预计我们将首先看到对新的前沿技术和创新的投资的增加。

（二）外循环

有些学者认为，中国对国内市场的重视似乎可视为亚当·斯密式由内向外的"自然道路"，即将国内市场作为更稳定的增长支柱，通过发展国内贸易带动国外贸易，或者说国外贸易是国内贸易的延伸和国内产业竞争力的国际投射。但是，这并不意味着中国打算构建一个封闭的经济流通模式。相反，将中国排除在国际经济循环之外恰恰是美国试图遏制中国崛起的手段。因此，中国真正寻求的是在不放弃开放的情况下向国内市场倾斜，通过保持中国对外国资本的吸引力来加强中国在国际价值链中的地位。所以说，把中国政府采取的经济"双循环"政策称为"闭关锁国"是非常错误的观点。

对中国而言，国际市场仍是对国内市场的重要补充，也是刺激国内企业不断创新的动力所在。举例来说，总部设在深圳的传音公司（Tecno），与华为、小米、三星、苹果等其他公司相比知名度较低，但传音通过其差异化的产品设计，已成为全球新兴市场手机行业的新兴力量。2020年，传音在非洲市场上已经取代三星，成为占据非洲市场份额最高的智能手机品牌。与此同时，"十四五"规划中提出的"高水平对外开放"不仅鼓励"走出去"，还强调"引进来"，即更多地开放国内市场，吸引全球资源。就此意义而言，推动国内市场不仅有益于中国本土企业，还为所有跨国企业提供了发展的"便车"。对外开放不是停留在纸面上的口号，中国已经设立了21个自由贸易实验区，进一步开放了金融市场和其他服务部门。

更能代表中国对持续推进经济开放和区域经贸一体化态度的是2020年11月签署的《区域全面经济伙伴关系协定》（RCEP）。该协定是东盟成员国与中国、日本、韩国、新西兰和澳大利亚等国之间达成的协议，旨在通过深化区域产业链协作、优化域内价值链布局、促进新型跨境物流发展、采用负面清单推进投资自由化等措施，促进区域内经贸规则的优化和整合，促进区域内自由贸易和经济发展。《区域全面经济伙伴关系协定》是目前全球体量最大的自贸区，所涉及的国家总人口达到近23亿，GDP约占全球总量的三分之一。在贸易保护主义抬头的当下和后疫情时代经济复苏的关键时刻，《区域全面经济伙伴关系协定》的签署展现出中国对维护自由贸易体系的决心，以及与区域内伙伴共享中国经济增长成果的意愿。

二、经济"新常态"

"十四五"规划还是对中国经济"新常态"的确认。值得注意的是，此次五年规划没有设定具体的GDP增长率目标，但有一个隐含的目标，即在未来15年内达到5%左右的年均增长率，以便中国能够在2035年达到中等发达国家的人均GDP水平。不设定具体的GDP增速目标意味着，中国的经济发展已从单纯地对数量的追求过渡到对质量的要求。与过去动辄两位数的增长速度相比，5%的隐含目标意味着中国经济将进入中低速的发展期。但是，由于中国的经济总量已今非昔比，持续10年左右的5%增速仍将深刻地改变中国人民的生活状态。在这一过程中,中国政府的政策重点将更多地调整到过去高速增长时期忽视、甚至牺牲的方面。

其一是对节能减碳的重视。为了应对内外部环境的挑战,中国明确提出力争2030年前碳达峰、2060年前碳中和。"十四五"规划是实现2030年碳达峰的第一个五年规划。为此,中国将继续其能源供应结构的转变。国际能源署发布的《2020年可再生能源报告》显示,中国是2020年全球可再生能源容量增长的主要推动力之一。截至2020年底,中国可再生能源累计装机容量达到9.34亿千瓦,占全球可再生能源总装机规模的三分之一。特别是中国风电和光伏新增装机容量占全球总量的一半以上,成为全球可再生能源发展的中坚力量。在此基础上,"十四五"期间可再生能源年均装机规模还将有大幅度提升。预计到"十四五"末,可再生能源在全社会用电量增量中的比重将达三分之二左右,在一次能源消费增量中的比重将超过50%。[1]更值得注意的是,如果此前节能减碳主要依靠政策推动,那么未来随着财政补贴的减

---

[1] 张翼:《"十四五"是碳达峰的攻坚期、窗口期——绿色能源发展"风光无限"》,《光明日报》,2021年3月31日。

少，市场在可再生能源资源配置中将起到决定性作用，风电光伏发展将进入平价阶段，实现市场化发展、竞争化发展。这将保证中国减排的可持续性。

其二是对农村建设的关注。于中国政府而言，社会主义现代化的目标是实现共同富裕。如果说消灭绝对贫穷是关键一步，那么未来的目标将是缩小城乡差距、改善收入不均衡的状况。这意味着将对农村地区投入更多的资源，不仅在交通运输等基础设施方面要向城市地区看齐，更要在农村地区构建更为现代的社会服务体系。例如，疾病预防机制的改进和覆盖面更大的健康保障系统，以及乡村教育质量的提高和成本的降低等。所有这些社会服务都将降低中国中低收入阶层的生活成本，提高其购买力，这与发展国内消费市场也是相辅相成的。

其三是强调生产力改进。如前所述，中国在高速发展期主要依赖生产要素的投入，包括资本和劳动力，但与此同时过度消耗了自然资源。进入中低速发展期后，中国要想实现可持续发展，必须更为有效地利用资源，提高单位要素的生产力成为重中之重。除了提高劳动力的教育水平外，技术创新是实现社会主义现代化的必由之路。

三、技术创新

技术创新是中国中长期发展战略的核心之一。科学技术对于一国可持续发展的重要性已是毋庸置疑的共识，但是新技术的产生、应用和普及却是一个国家行政意志和市场自发调节相互作用协调的动态过程。

回顾历史，中国的科技政策最初参考了优先专业教育的苏联模式。《1956—1967年科学技术发展远景规划》是新中国制定的第一个中长期科技规划，旨在系统地引导科学研究为国家建设服务。该规划为促进基础应用研究和开发利用制定了指导方针，并创建了一些现代科技工业分支，如半导体、计算机、电子、自动化、原子能和喷气推进技术等。1963年，中国政府制定了第二个科学技术发展长期规划，即《1963—1972年科学技术发展规划》，确定了"自力更生，迎头赶上"的科学技术发展方针，提出了科学技术现代化是实现农业、工业和国防现代化的关键的重要观点。该规划执行期间取得了一批重要成果，其中以"两弹一星"为代表的国防尖端科学技术成果最为显著。"文化大革命"结束后，建立现代化的国家创新体系被重新提上日程。改革开放以来，中国政府陆续出台了多个中长期科技规划以促进科技发展，如《1978—1985年全国科学技术发展规划纲要》《1986—2000年科学技术发展规划》《1991—2000年科学技术发展十年规划和"八五"计划纲要》《国家中长期科学和技术发展规划纲要（2006—2020年）》，以及2016年颁布的《国家创新驱动发展战略纲要》等。近些年来，中国政府对科技创新的支持力度不断加大，研发投入大幅度增加。中国在科技创新领域不断取得重大突破，已经成为全球具有重要影响力的科技大国。

纵观改革开放以来的科技政策，与新中国前30年相比，最突出的变化是改革了科技计划体制，实施了简政放权，提倡科研、设计、生产、销售一条龙，实行各种不同形式的联合，促进科技与生产结合。从这个意义上而言，中国最近20年的科技发展并不完全依赖政府的投入，企业和民间社会也是推动技术发展的重要力量。中国的国家创新体系是一个自上而下和自下而上相结合的综合体系。政府通过制定中远期规划，配合相关产业政策，释放信号，激励资源通过市场配置向重点产业领域集中。在这一过程中，市场是配置资源的根本性机制，政府仅起到引领的作用。

中国政府的科技规划和产业政策并不是脱离实际的行政性指令,而是集思广益的民主集中制的产物。其具体目标和重点项目实施年度滚动,切实反映了科学技术的发展和经济建设的需要。这种政府与企业相结合的创新体系克服了完全依赖市场竞争的创新体制的某些弊病,如研发的盲目性和利益集团出于维护自身利益而产生的研发惰性等。结果就是,处于赶超阶段的中国在创新和技术应用方面取得了空前的进步。以专利申请为例,2019年,中国通过世界知识产权组织《专利合作条约》途径提交了5899万件专利申请,超过美国的5784万件,跃升至全球第1位。在5G、量子科学等多个前沿科技领域,中国已握有位居世界首位的专利成果。近来占据商业新闻头条的华为公司,2020年的研发投入高达1400亿元人民币,已跻身全球工业企业研发投资榜三强。

毫无疑问,科技已经成为中国在国际上的又一张名片。但是,中国创新能力的突飞猛进引发了以美国为首的一些国家的忧虑。一系列技术保护主义措施纷纷出台。围绕高科技产品的贸易战凸显了现阶段中国个别领域严重依赖海外技术的短板。因此,"十四五"规划将科技创新和自主创新放到了前所未有的新高度。根据该规划，未来5年中国全社会研发经费投入年均增长7%以上、基础研究经费投入占研发经费投入比重提高到8%以上、战略性新兴产业增加值占GDP比重超过17%。同时，"十四五"规划还指出，在战略科技领域加快重组国家重点实验室体系，聚焦量子信息、光子与微纳电子、网络通信、人工智能、生物医药、现代能源系统等重大创新领域。除了任务导向型的科研项目，"十四五"规划还全方位为科研人员松绑，给予自由探索型科研人员足够空间。具体内容包括简化科研项目经费预算编制、扩大科研经费使用自主权、赋予科研人员职务科技成果所有权或长期使用权等。

中国对自主创新的关注并不意味着中国未来的科技创新将是一个"闭门造车"的过程。相反，中国的科技创新从来都不是封闭式的创新。改革开放40多年来，中国始终秉持开放合作理念，这对推动中国科技创新发挥了重要作用。"十四五"规划在增强中国科技自主创新意识的同时，还提倡积极学习借鉴国际先进经验，同时向世界分享更多的中国科技创新成果，贡献更多的"中国智慧"。根据中国科学技术信息研究所发布的《2021年中国科技论文统计报告》

显示,"2011年至2021年,中国有10个学科产出论文的比例超过世界该学科论文的20%。按国际论文被引用次数统计,中国在材料科学、化学、计算机科学、工程技术4个领域排名世界第1位——与上年度相比,增加了计算机科学领域。农业科学、生物与生物化学、环境与生态学等10个领域论文的被引用次数排名世界第2位"。[1]

中国建立的原创性的国家创新体系,除了给我们带来不断的惊喜之外,还给所有发展中国家一个重要启示,即通过合理的政策工具,依托内部市场,融入国际产业链,处于后发阶段的国家也能实现超常规的技术跃迁。

第二节　中国的转型对拉丁美洲和加勒比地区的影响

"一带一路"的国际辐射远至拉美和加勒比地区,进入新发展阶段的中国也将在该地区产生更为深远的

---

[1]张蕾:《我国在计算机科学等领域国际论文被引次数世界第一》,《光明日报》,2021年12月28日。

影响。本节拟从四个方面进行探讨。

一、贸易多元化

作为世界第二大经济体，中国对拉美和加勒比地区最直观的影响就是与日俱增的贸易往来。在21世纪初，中国和拉美之间的贸易每年不到30亿美元。根据中国海关统计，2020年中拉贸易总额达到3166.4亿美元。根据《中国对外直接投资统计公报》，截至2020年底，中国对拉美及加勒比地区直接投资存量达6298.1亿美元。[1]新冠肺炎疫情下，中拉经贸仍保持增长态势。根据中国海关总署公布的数据显示，2021年上半年，中国与拉美和加勒比地区进出口总额约2030亿美元，同比增长45.6%。[2]

庞大的中国市场及其强劲的制造能力带动了双边互补式贸易的跨越式发展。来自拉美地区的原材料、矿产资源和农产品在中国消费者中深受欢迎。同时，

---

[1]《中国和拉美国家经贸关系简况》，中华人民共和国商务部，http://mds.mofcom.gov.cn/article/Nocategory/200210/20021000042975.shtml

[2] 李家瑞、黄顺达、陈瑶：《中拉经贸"半年报"透出双边合作活力与潜力》，新华网，http://www.xinhuanet.com/world/2021-07/27/c_1127700337.htm

中国的工业制成品，如电子产品、机械、医疗仪器、汽车和日常消费品也为该地区的消费者提供了物美价廉的选择。在此，仅举几个拉美国家的例子。鉴于对化石能源的进口依赖，委内瑞拉成为中国能源进口多样化进程中的战略伙伴。中国是智利的第一大贸易伙伴国、第一大出口目的地国和第一大进口来源国。与此同时，智利已成为中国在南美的第二大贸易伙伴，仅次于巴西。中国与智利的贸易主要集中在矿业和农产品，可再生能源领域的合作也正在积极推进。近几年，虽然中国和巴西在政治层面受到中美关系的一定影响，但中巴的贸易往来稳速发展。2018年，巴西成为拉美地区对华贸易首个突破1000亿美元的国家。巴西的铁矿石、纸浆等大宗商品对华出口稳定增长。

智利、巴西、阿根廷和秘鲁等拉美国家已经成功地创造了一个基于农产品和大宗原材料出口的双赢局面。尽管从出口绝对值来看，中拉贸易呈现高度集中在少数几个国家的现象，但是考虑到该地区国与国之间经济体量差距较大，中国对于中小型经济体的贸易重要性也出现了质变。特别是在中国加入世界贸易组织后，中国已经成为几乎所有拉美国家的第一或第二大贸易伙伴。值得强调的是，随着"一带一路"倡议在拉美地区的推进，拉美已是中国的第三大海外承包工程市场。截至2020年底，中国企业在拉美及加勒比地区累计签订承包工程合同额2171.7亿美元，完成营业额1444.3亿美元。[①]总而言之，中拉之间的贸易正趋于多元化发展，正展现出双方合作的巨大潜力。

二、融资多元化和人民币国际化

中国在国际贸易中地位的提升伴随着国际货币体系的一系列深刻变化。2016年，国际货币基金组织将人民币加入了以美元、欧元、日元和英镑构成的特别提款权篮子。这一变化对中国和整个国际货币体系而言都是重要的里程碑。这意味着国际货币基金组织认定人民币可自由使用，并承认了中国货币、外汇和金融体系改革的进展。这些进展将提高人民币作为国际储备资产的吸引力，有助于全球储备资产的多元化。

长期以来，诸多拉美国家深受美元霸权之苦。人民币的国际化有助于拉美国家拓展融资渠道，构建更

---

①《中国和拉美国家经贸关系简况》，中华人民共和国商务部，http://mds.mofcom.gov.cn/article/Nocategory/200210/20021000042975.shtml

为多元的国际储备。"截至 2017 年 7 月，中国人民银行与拉美国家央行共签署 6 份总规模达 2830 亿元人民币的双边本币互换协议，金额占中国人民银行全部本币互换协议总额的约 9%。"[①]深陷债务危机的阿根廷在 2020 年 7 月 27 日同中方续签了到期的 1300 亿元人民币货币互换协议（约合 182 亿美元）。这一金额占阿根廷外汇储备的 42%。双边本币互换安排的建立，不仅可在提供紧急流动性支持和维护金融市场稳定等方面发挥积极作用，而且以双边本币直接进行结算，可有效规避通过第三方货币套算带来的汇率风险，为中拉双边贸易投资提供了一种可供选择的便利安排。

中国给拉美地区国家带来的融资便利还体现在以政策银行主导的贷款承诺和企业进行的直接投资。首先，中国的两家政策性银行，中国国家开发银行和中国进出口银行在 2011—2019 年共为拉美和加勒比国家政府提供了 806 亿美元的开发性融资。其次，根据"拉丁美洲和加勒比地区中国学术网"（Red ALC-China）发布的《2021 年中国在拉丁美洲和加勒比地区直

[①] 廖晓芳：《中国对拉美投资情况分析》，https://fddi.fudan.edu.cn/61/5f/c19143a221535/page.htm

接投资报告》，截至2020年，中国在拉美地区共计开展了480个投资交易；2020年中国对拉美地区的直接投资已占到该地区当年接收外国直接投资总额的9.77%；2020年中国直接投资在拉美地区创造就业机会达到17.3万个。[①]

三、技术合作

在技术创新合作方面，拉丁美洲和加勒比国家能够利用中国在该地区的项目提高生产力，实现经济长期可持续发展。众所周知，拉美产业结构失衡的重要特征之一就是去工业化趋势。"一带一路"框架下多个合作项目的开展，有利于促进拉美的再工业化进程，促进拉美地区内部生产一体化。

农产品贸易是中拉经贸合作的重点领域之一，随着中拉合作向纵深发展，双方在农业科技领域的合作也日益密切。中国在智利、巴西、阿根廷、墨西哥、秘鲁等国已设立多个农业技术联合实验室和研究中心，旨在推动科技创新和技术转移。比如，2017年

[①] 拉丁美洲和加勒比地区中国学术网(Red ALC-China)，《2021年中国在拉丁美洲和加勒比地区直接投资报告》，2021年3月, https://www.researchgate.net/publication/350592573

在智利首都圣地亚哥成立的智利—中国农业科技研发中心和智利—中国示范农场，通过农业技术的交流合作，甚至让中国蔬菜也进入了智利市场。中国和墨西哥的农业科技合作的亮点主要体现在玉米和小麦等农作物领域，双方在这些领域的合作已经取得了可喜的成果。中国—拉丁美洲和加勒比农业部长论坛已于2013年和2021年召开了两届，该论坛进一步推动了中拉双方在农业人员互访、农业科技交流、农业投资、农产品贸易、农业人力资源开发等方面的合作。

数字经济是中拉可重点合作的领域。中国先进的信息通信技术有利于拉美经济增长以及向以先进制造业和现代服务业为基础的经济加速转型。不过，拉美大部分国家的信息网络基础建设还很薄弱，对大数据和物联网的投资也很低。在未来，中国可以在数字经济领域带给拉美地区巨大的帮助和技术支持。

四、多元发展的国际秩序

2021年4月，中国外交部部长王毅在与美国对外关系委员会的视频会议上，回应了美国所谓的"中国威胁"和把中国贴上"独裁主义"标签等问题。王毅说道：

民主不是可口可乐，美国生产原浆，全世界一个味道。如果地球上只有一种模式、一种文明，这个世界就失去了生机，没有了活力。

中国实行的社会主义民主政治，是一种全过程、最广泛的民主，体现人民意志，符合中国国情，得到人民拥护。仅仅因为实行民主的形式跟美方不一样，就给中国扣上"威权""专制"的帽子，这本身就是不民主的表现。如果打着民主、人权旗号搞价值观外交，干涉他国内政，人为制造对抗，只会引发动荡甚至灾难。

习近平主席提出构建人类命运共同体，就是期望超越不同制度的分歧，摒弃零和博弈的思维，倡导和平、发展、公平、正义、民主、自由的全人类共同价值。各国一起共同呵护和建设好人类唯一能够居住的星球。一个和平的世界应该承载多样的文明，一个稳定的秩序应该容纳不同的制度，一个自信的大国应该包容多元的价值。①

王毅部长这个及时的回应进一步驳斥了西方中心主义的观点。长期以来，美国等西方国家通过其认定的关于民主的"公理"来衡量另一个文明的行为、经验和价值观。实际上，那些所谓的"公理"只是被有选择性地使用而已。试问，在不符合主导大国经济利益的政府面对军事政变时，西方民主在哪里？美国要如何解释其在地球上的不同地区占领领土以建立军事基地？为什么地球上的极少数人可以肆意对其他国家施行封锁制裁、不分青红皂白地使用大规模杀伤性武器、施加金融压力来干涉国家之间的关系？

幸运的是，中国提出的不分种族和意识形态的人类命运共同体的包容性观点，正在世界舞台上赢得越来越多的认同和赞许。在拉丁美洲和加勒比地区，文化的多元混杂构成了我们的一大特色。因此，我们非常赞同中国倡导的人类命运共同体和包容多元的价值观。不同文明间的尊重和互鉴取决于文化的交流和理

---

① 王毅：《聚焦合作 管控分歧 推动中美关系重回健康稳定发展轨道——王毅国务委员同美国对外关系委员会视频交流致辞全文》，2021年4月23日，中华人民共和国外交部，https://www.fmprc.gov.cn/web/ziliao_674904/zyjh_674906/202104/t20210424_9180789.shtml

解。中国的发展为拉丁美洲和加勒比地区的进步提供了参考和借鉴。

当今世界面临着多重挑战，各国应当团结合作，共同努力，促进多边主义，遏制霸权主义。"一带一路"倡议的提出是长久以来中国所建立的价值观的极佳体现。试想，如果一个国家在过去的几个世纪中没有将国与国之间的友谊、理解和交流作为基本内容纳入跨文化价值观，没有将其作为本国的文化财富，那么它就不具备落实这项和平倡议的权威性和可信度。而中国恰恰都做到了，它在不同文明的多元化和与其他国家的对话交流中找到了强大的力量依托。正是基于这些特质，中国才有能力提出"一带一路"这样可信又可行的倡议。

2021年12月，尼加拉瓜宣布与台湾断绝所谓的"外交关系"，并与中国复交。一个月后，尼加拉瓜签署《关于共同推进丝绸之路经济带和21世纪海上丝绸之路建设的谅解备忘录》。2022年2月，阿根廷也加入了"一带一路"大家庭，成为拉丁美洲与加勒比地区加入共建"一带一路"的最新成员。截至2022年2月，中国已经同148个国家和32个国际组织签署200余份共建"一带一路"合作文件，其中涉及拉美与加勒比地区的共计21个。①（见表4-1）可以预见，"一带一路"倡议将会在中拉关系中发挥更大的作用，也会成为加强中拉命运共同体的重要纽带。

表4-1　已同中国签订共建"一带一路"合作文件的拉丁美洲与加勒比地区国家

（排名不分先后）

1	智利	11	萨尔瓦多
2	圭亚那	12	多米尼加
3	玻利维亚	13	特立尼达和多巴哥
4	乌拉圭	14	安提瓜和巴布达
5	委内瑞拉	15	多米尼克
6	苏里南	16	格林纳达
7	厄瓜多尔	17	巴巴多斯
8	秘鲁	18	古巴
9	哥斯达黎加	19	牙买加
10	巴拿马	20	尼加拉瓜
		21	阿根廷

数据来源：根据中国一带一路网2022年2月公布的《已同中国签订共建"一带一路"合作文件的国家一览》数据整理绘制。

---

①《已同中国签订共建"一带一路"合作文件的国家一览》，中国一带一路网，https://www.yidaiyilu.gov.cn/xwzx/roll/77298.htm

结　语

在这本小书中，我们如同游历了一条璀璨的梦想之路。这个梦想深深植根于中国5000多年的历史和文化之中。它不是幻想，因为这个伟大的东方国家正在将之变为现实。这是一个属于世界上约五分之一人口的梦想。当一个如此庞大人口的社会发生转变时，无论是好是坏，其影响都是世界性的。因此，当中国实现脱贫目标时，就意味着全球约五分之一的人口彻底告别了贫困。这种影响如此巨大，与此相关的所有国际指标都随之发生了变化。此外，中国不仅在国内消除了贫困，而且始终怀着国际主义精神，积极承担国际责任和义务，开展全球合作，为帮助其他发展中国家消除贫困贡献中国力量和中国智慧。

中华人民共和国成立以来所经历的深刻变化举世瞩目。如果再追溯到中国共产党成立的1921年，可以说，中国共产党在100年里所取得的成就超过了其他执政党。谁能想到，一个成立之初不足百人的小党，经过28年的发展，能英勇面对聚集数百万兵力的内外敌人的挑战，并最终获胜，夺取政权。随后，在一片贫瘠和逆境中，中国共产党又带领中国人民奋力建设社会主义国家，在复杂的国际环境中逐步赢得属于中国的位置。中国恢复联合国合法席位、改革开放、加入世界贸易组织，这一个个重要事件是中国飞速发展的契机，亦是见证。

2013年是中国发展史上的又一个契机。习近平主席提出的"一带一路"倡议是一个凸显中国国家本质的提案。换言之，正是基于此前走过的漫漫历程，中国才构思出"一带一路"这一伟大倡议，并在跨文化和数字交流的新格局中构建起中国与世界的全新对话。这是人类历史上，一个国家向世界提出的最伟大的有关社会和经济发展的倡议。中国从不认为人类是处于零和博弈关系中的敌对民族的总和。相反，中国共产党的各届领导人始终保持中国共产党建党时的初心使命，即人民至上。而这在国际层面的投射，就是习近平主席提出的人类命运共同体。"一带一路"倡议之所以是可信的、可行的，就是因为它是由一个一贯站在霸权主义对立面的国家提出的，而中国的这一态度在历史中已不止一次地得到了验证。

于我们每一个人而言，回望来时之路，无论曲折还是平坦，无论精彩还是平庸，我们都会尝试回答一个问题：生命的意义是什么？在众多答案中，我们或许可以找到一个可以引起所有人共鸣的回答，那就是作为人类这个独特物种的一员，我们与大家携手共进，共同维护物种的繁衍，守护下一代的梦想。因此，中国政府提出的人类命运共同体和"一带一路"倡议得到了众多爱好和平、心系发展的国家的共鸣。

"中国梦"之所以被认为是一个具有全球视野的梦想，在于它摒弃了沙文主义的视角。在这个梦想里，人类共享一种幸福的状态，即在解决了基本物质需求的基础上，每个人都可以自由地选择他的职业、道路和梦想，去实现人之所以为人的意义，并成为一个和谐社会的一员。通过人类命运共同体和"一带一路"倡议，"中国梦"也与世界上很多国家的梦想互相连接。在历史的长河中，新冠肺炎疫情带来的阴霾终将被驱散,当下盛行的霸权主义、保护主义和单边主义也终非主流。人类不会停止对携手共建一个和平、发展、合作、共赢的美好世界的向往与追求。